新文科背景下
法科人才培养的改革与实践

主　编　彭晓琳　唐文娟　邓陕峡

副主编　施　亚　赵　亮　郑自飞

吉林大学出版社

·长春·

图书在版编目（CIP）数据

新文科背景下法科人才培养的改革与实践 / 彭晓琳，唐文娟，邓陕峡主编 . —长春：吉林大学出版社，2023.9

ISBN 978 - 7 - 5768 - 2010 - 2

Ⅰ. ①新… Ⅱ. ①彭…②唐…③邓… Ⅲ. ①高等学校—法律—人才培养—研究—中国 Ⅳ. ①D92 - 4

中国版本图书馆 CIP 数据核字（2023）第 163877 号

书　　名	新文科背景下法科人才培养的改革与实践
	XINWENKE BEIJING XIA FAKE RENCAI PEIYANG DE GAIGE YU SHIJIAN
作　　者	彭晓琳　唐文娟　邓陕峡
策划编辑	李潇潇
责任编辑	滕　岩
责任校对	米司琪
装帧设计	中联华文
出版发行	吉林大学出版社
社　　址	长春市人民大街 4059 号
邮政编码	130021
发行电话	0431-89580028/29/21
网　　址	http：//www.jlup.com.cn
电子邮箱	jdcbs@jlu.edu.cn
印　　刷	三河市华东印刷有限公司
开　　本	787mm×1092　1/16
印　　张	13.5
字　　数	176 千字
版　　次	2024 年 1 月第 1 版
印　　次	2024 年 1 月第 1 次
书　　号	ISBN 978 - 7 - 5768 - 2010 - 2
定　　价	68.00 元

前　言

　　新文科建设是坚持以习近平新时代中国特色社会主义思想为指导、顺应新时代发展趋势、推动我国高等教育内涵式发展的重要举措。新文科在法学领域的展开就是"新法学"，与传统相较，应秉持新理念、确立新使命、赋予新内容、运用新方法，坚持"以学生发展为中心"，注重法科人才培养的"提质、增效、赋能"，为激发学生内生成长机制，进行人才培养模式的"重构"、个性成长路径的"重建"、人格养成价值的"重塑"。

　　本书深入贯彻习近平总书记在党的二十大报告中提出的人才创新驱动，着力造就拔尖创新人才的教育论述，以教育部、中央政法委印发的《关于坚持德法兼修实施卓越法治人才教育培养计划2.0意见》为蓝本，聚焦新文科背景下法科人才培养的改革与实践，围绕建设社会主义法治国家需要，坚持立德树人、德法兼修，主动适应法治国家、法治政府、法治社会建设的新任务新要求，将"以学生发展为中心"作为改革突破口，以激发学生内生成长机制为目标，通过找准人才培养和行业需求的结合点，针对法科人才培养模式、学科专业交叉实践、教学研究范式创新、产学协同育人机制、法律科技融合等领域改革进行探索与提炼，最终形成一系列教学改革成果，编撰成书。

　　本书主要围绕新文科背景下法科人才培养的各个方面进行教学改

革，分法科人才培养模式改革研究、学科专业交叉改革研究、产学研协同育人机制改革研究、产教融合创新创业改革研究等模块内容，涵盖"育人目标—课程重构—方法改革—教学资源"等人才培养关键环节。

　　具体而言，本书具有以下特色：（1）注重顺应高等法学教育改革的时代要求。汇编文章深入贯彻习近平法治思想，聚焦高等法学教育改革前沿，具有较强的现实意义。（2）注重教育教学改革成果的孵化与培育。汇编文章都来自一线教师教学改革实践，具有较强的实践意义。（3）注重教育教学改革的覆盖面与多元化。汇编文章内容丰富，改革内容涵盖人才培养模式、课程教学实践、教学资源拓展、法律科技融合等各个领域，具有较强的借鉴意义。

　　本书由成都大学彭晓琳教授、唐文娟教授、邓陕峡教授任主编，施亚副研究员、赵亮博士、郑自飞博士任副主编。彭晓琳负责全书的统筹规划，唐文娟负责全书框架设计与统稿定稿工作，邓陕峡负责审定工作；施亚、赵亮与郑自飞负责稿件收集、整理与校稿工作。本书汇编稿件不仅有高校科研院所、司法实务部门的专家建言献策，还有来自法律科技企业等新兴行业的业务骨干从需求端的视角提出法治人才培养的期待，在此，诚挚感谢各位专家学者的赐稿指导，也真诚期待读者朋友的批评与赐正！

编　者

2023 年 1 月 20 日

目　录
CONTENTS

专题一　法科人才培养模式改革研究·················· 1

应用型城市大学新法科人才培养的探索与实践·············· 3

习近平法治思想中的法治人才培养观研究 ·············· 17

"德法兼修"理念下公安院校法治人才培养路径探析·············· 31

论法学教育知识结构的内在缺陷及法律硕士教育的发展方向

　　——兼论法律人才的培养模式 ·············· 43

专题二　学科专业交叉改革研究 ·············· **55**

司法需求导向的新法科教育 ·············· 57

新文科背景下高校法学跨学科人才培养探析 ·············· 75

从学科交叉到交叉学科：企业合规学科建设及人才培养路径

　　探析 ·············· 91

教义法理学理论前沿在公安法治教育中的应用·············· 108

专题三　产学研协同育人机制改革研究·············· **121**

人工智能时代地方高校法学专业实验教学改革探索·············· 123

法律硕士校外导师制度建设的困境与出路·············· 137

知识产权专业实习模式探究

    ——以四川文理学院为例 ………………………………… 150

专题四　产教融合创新创业改革研究……………………… **161**

NLP 技术助力高校法学教育改革

    ——以婚姻家事用户需求研究为视角 ……………… 163

法律科技如何实现普惠法律服务和律师赋能……………… 182

新时代高校教学中完善法治教育体系的路径分析 ………… 194

后　记………………………………………………………… **203**

专题一

01

法科人才培养模式
改革研究

应用型城市大学新法科人才培养的探索与实践

唐文娟①

摘要：《新文科建设宣言》的发布，对法科人才的培养提出了新时代命题。应用型城市大学作为地方普通本科高校的代表，定位于高层次应用型人才培养，依托城市办学，服务城市发展，与所在城市的经济、政治、社会、文化、生态文明建设共生、共享、共融。应用型城市大学新法科人才的培养应围绕建设社会主义法治国家需要，坚持立德树人、德法兼修、明法笃行，主动适应法治国家、法治政府、法治社会建设的新任务新要求，充分利用城市大学的区位、政策、平台、文化等资源优势，将"以学生发展为中心"作为改革突破口，通过找准人才培养和行业需求的结合点，按照"思政赋能—交叉融通—协同创新"的建设思路，推进"课程思政"教育、细化人才培养方向、开设新兴交叉课程、深化协同育人机制等改革措施，探索与文科教育创新相呼应、与城市发展特色相匹配、与区域社会服务相关联的新法科人才培养模式。

关键词：新法科；人才培养；法学教育；应用型城市大学

---

① 作者简介：唐文娟，女，成都大学法学院教授、硕士生导师、副院长。
基金项目：成都大学 2021—2023 年高等教育人才培养质量和教学改革重点项目"'思政赋能·交叉融通·协同创新'应用型城市大学新法科人才培养模式改革与实践"，项目编号：cdjgb2022049。

引言

2018年10月,教育部、中央政法委等13个部门启动"六卓越一拔尖"计划2.0,其中包括卓越法治人才教育培养计划2.0,要求立足新时代,全面推进新文科建设,培育卓越法治人才。2020年11月,教育部发布《新文科建设宣言》,对新文科建设做出全面部署,其核心在于思想引领、学科打通和知行合一。新法科作为新文科的重要部分,如何突破传统文科的思维模式,强化思想政治引领,推动学科交叉融合,实现理论与实践的融通;如何培养顺应时代发展,满足社会需求,兼具创新思维和逻辑思维,兼有民族意识和国际视野的法科人才成为未来法学教育领域深化改革的热点。

应用型城市大学是以应用型人才培养为主要方向的普通高校,其办学定位、办学资源、办学过程与所在城市的发展具有密切关系。城市的地域特征、战略规划、经济水平、社会环境和文化氛围等要素为城市大学人才培养的创新、交叉、开放、合作和协同提供了良性互动的可能;城市大学的教育理念、价值引领、学科专业、培养模式也为城市的人才需求、区域发展、科技创新、地方服务和文化传承等提供了有力支撑。应用型城市大学新法科人才培养的探索有助于满足城市发展对高素质、高水平、高层次的应用型法治人才的时代需求,有助于提高法治人才培养与城市法治建设的适应度,有助于推动城市法治研究与法治实践的互融互通。

一、守正与创新:新文科建设与新法科人才培养

新文科建设开启了人文社科人才培养的新格局,是提升国家文化软

实力的重要方面。2020 年 11 月，《新文科建设宣言》的发布为新文科建设提供了根本性指导文本，从共识、遵循、任务三大方面搭建了新时代文、史、哲、经、管、法、教、艺等八大学科门类特色发展、创新发展的基本框架。"新法科"在新文科建设中占据重要地位，在新文科理念的指引下，如何立足国情、形成中国特色法学教育体系，如何守正创新、培养德法兼修的高素质法治人才，是"新法科"面临的新时代使命。一方面，新法科人才培养应遵循法学教育的基本规律，满足法学专业人才的培养目标和培养标准；另一方面，新法科人才培养应主动适应社会需求，进行理念、内容和方法等方面的再造与创新。

（一）如何守正

《新文科建设宣言》指出："尊重文科教育特点和人才成长规律是新文科建设高质量推进的基本前提。"作为社会科学的法学，是以法律现象及其发展规律为研究内容的科学，具有独特的知识体系和方法体系。法学人才培养的政治方向、理论素养、实践技能等基本要求都是由学科特点所决定的。

首先，新法科人才培养要坚守正道、明确政治方向。习近平法治思想的正式提出，意味着我国法治建设、法学教育和法学研究有了思想引领，面对新形势、新问题、新挑战，法治人才培养要呼应时代之变和时代之需。新法科人才培养要坚持中国特色社会主义法治道路，坚持以马克思主义法学思想和中国特色社会主义法治理论为指导[1]，在统筹规划、顶层设计上，围绕建设社会主义法治国家需要，聚焦立德树人根本任务，以习近平法治思想为引领，将其核心要义和工作要求贯彻落实到法治人才培养的全过程和各方面。

---

[1]　杨宗科：《习近平德法兼修高素质法治人才培养思想的科学内涵》，载《法学》2021 年第 1 期第 5-19 页

其次，新法科人才培养要遵循规律、坚守专业质量标准。教育部《法学类教学质量国家标准》（2021 版）指出，法学类专业教育具有很强的应用性和实践性，在国家民主法治建设中发挥着重要的基础性作用。其中，明确了法学培养目标的两个结合，第一个是与我国历史传统和现实国情相结合，强调立德树人、德法兼修；第二个是专业技能和职业伦理相结合，强调既关注法学专业教育，也注重理想信念和职业伦理的养成。① 因此，从专业知识层面，法学类专业人才应具有扎实的专业理论基础和合理的知识结构；从职业能力层面，法学类专业人才应具备熟练的职业技能和理论到实践的融会贯通能力；从道德素养层面，法学类专业人才应养成良好的道德品格、健全的职业人格和强烈的法律职业认同感，具有服务于建设社会主义法治国家的责任感和使命感。②

第三，新法科人才培养要主动适应、满足法治实践需求。法学类专业的应用性和实践性决定了法学教育要处理好知识教学和实践教学的关系，法治人才培养要充分把握我国法治建设的国情基础和实践特色。为此，新法科人才培养必须立足于中国法治实践，从社会主义法治体系和法治国家、法治政府、法治社会的建设需求出发，承载起法治建设的时代使命，主动回应社会关切和担当社会责任。

（二）如何创新

与传统文科相比，新时代赋予新文科"创新发展"的新使命，即在教育理念、教学内容、教学方法方面应该与时俱进，形成学科交叉融合的教育新格局。对新法科人才培养而言，创新就是需要有效突破传统法科的知识界限、方法界限和能力界限，在知识广度、方法巧度和挑战

---

① 李树忠：《坚持改革调整创新立中国法学教育德法兼修明法笃行塑世界法治文明》，载《中国大学教学》2018 年第 4 期第 5 页。
② 《法学类教育质量国家标准》（2021 年版）。

难度方面有不同的改革和提升。

首先，新法科人才培养要致力学科融合，拓展知识的广度。法学与其他学科的交叉融合是新法科知识拓展的根本途径，法学学科的多元性和包容性决定了其与新产业、新技术、新经济等领域相关学科专业互融互通的可能性。在法学学科内部，通过开设人工智能与未来法律、法律与网络安全、法律与数字经济、大数据与法律检索、互联网法学等课程，培养法学学生的多元性、开放性、复合性思维，使学生能够跳出"法学"学"法学"，提升其他领域知识的学习能力。在法学学科外部，法学教育应满足新时代普法教育的新要求，通过开设与法律相关的通识课程，如生活中的民法典、法律视角下的互联网、新媒体与法律风险、企业合规审查等课程，实现普法教育与专业教育的融合。从国内各高校目前关于新法科人才培养改革实践来看，在学科交叉融合方面，新法科的学科交叉改革主要以"全方位、跨学科、宽领域"为导向，从单一化走向交叉化，致力于跨学科知识间的融会贯通，[①] 如"法工结合""法理结合""法医结合""法商结合""法社结合"等。

其次，新法科人才培养要顺应时代需要，提升方法的巧度。"因材施教"是我国传统的教育观，随着社会的发展，"因材施教"也被赋予了时代内涵，新法科人才培养主要面对的对象是"00"后群体，"00后"的个性化、网络化、自我化等特征，决定了法学教学与研究方法的创新。与以"教义"为主的传统方法相比，新法科人才培养更注重信息技术、统计实证、数据比较等方面的新方法运用，对学生的数据收集、案例研判、知识加工、场景体验、自主学习的能力要求更高。同时，伴随着数字化时代的到来，法律与科技的关系更加紧密，一方面，新兴技术推动了法律的进步；另一方面，法律也需要对新兴技术引发的

---

① 刘艳红、王禄生：《服务智慧司法大数据引领新法科》，https://www.legalinfo. gov.cn/pub/sfbzhfx/sfbzfpffzll/202101/t20210127_ 164610. html，2021-01-27。

社会问题进行指引与回应。因此，新法科教育应适应科学技术进步、信息化发展与法治建设智能化的新趋势，探索大数据、云计算、人工智能与人才培养过程相融合的新方法。

第三，新法科人才培养要符合高阶性标准，增加挑战的难度。对法科生而言，未来的培养应满足新时代法治人才培养的新要求，符合知识能力素质有机融合的高阶性标准，即要求法学教育和法治人才培养以习近平法治思想为根本遵循，坚守中国法治建设的自主性，"同党和国家事业发展要求相适应、同人民群众期待相契合、同我国综合国力和国际地位相匹配"①。具体而言，应重点培养学生顺应时代变革、适应社会新变化、解决复杂疑难新问题的综合能力，让学生能拓宽视野，将个人发展与民族复兴、时代发展、科技进步、人类未来相结合。在培养模式上，应从单一的专业化教育向复合交叉、一专多能的个性化教育转化；在培养方向上，应尊重学生成长规律，注重学生质疑精神、创新潜质和开放视野的培养，根据学生的发展实际，进行分类引导与规划定位；在培养出口上，应主动回应社会需求，着眼于培养适应国家发展之需、适应新兴科技发展要求的法治人才，同时不断拓展法学就业的新兴领域，增强法科学生的适应力与竞争力。

二、特色与优势：应用型城市大学新法科人才培养定位

所谓城市大学是我国普通高等教育发展的模式之一，一般指副省级中心城市主办或省市共建、以市为主的地方性普通高等院校②，这类大学最显著的特征是依托城市办学，以城市命名，为城市发展服务。其

---

① 姚莉：《新时代法治人才培养新要求》，载《光明日报》2018 年 12 月 27 日 14 版。
② 本文研究的城市大学主要指由副省级中心城市主办或省市共建、以市为主的地方性普通高等院校，一般属于教育部本科教育教学审核评估指标体系（2021—2025 年）第二类审核评估范围的高校。

中，应用型城市大学是以高素质应用型人才培养为目标的地方普通高等院校，其办学定位和学科专业设置紧扣所在城市发展战略，主要凸显的是地方性和城市服务面向。① 基于应用型城市大学与所在城市建设发展的契合性，在人才培养、科学研究、文化传承、地方服务等方面呈现出不同的特色与优势。就新法科人才培养而言，应用型城市大学在满足法治城市建设的时代需求、提升城市法治人才培养的契合度、推动校城资源融合创新等方面具有显著优势。

其一，应用型城市大学较好地满足了法治城市建设的跨学科人才需求。随着全面依法治国战略的深入推进，法治城市建设对法治人才的新时代要求更高，尤其在"营商环境法治化""数字经济法治""网络信息安全""智慧司法服务""社会治理现代化"等领域对跨学科人才的需求更迫切。应用型城市大学的"校城融合"理念和多学科优势为法治人才培养的跨学科融通创造了条件。与其他院校相比，应用型城市大学的学科建设、人才培养、科学研究与所在城市融合发展的特征更为突出，其学科专业设置紧密联系城市产业发展需求，② 其人才培养体系紧密契合城市人才资源需求，其科研服务紧密对接区域社会现实需求。为此，基于"融入城市、服务城市"的共性办学理念，学校各学科之间交叉融通、跨界融合更具有可能性和必要性，也为新法科建设的跨学科融通实现与复合型教育格局形成奠定基础。

其二，应用型城市大学较好地实现了新法科人才培养与城市发展相契合。全面依法治国是一个系统工程，其中法治人才培养至关重要。习近平总书记指出："要坚持立德树人，德法兼修，创新法治人才培养机

① 王清远、杨明娜、刘晓、李勇：《城市型大学与所在城市的融合发展研究》，载《常熟理工学院学报》2016 年第 6 期第 5 页。

② 王清远、唐毅谦、叶安胜、刘晓：《区域应用、开放协同、校城融合"三位一体高素质人才培养体系的构建与实践》，载《中国大学教学》2019 年第 4 期第 44-47 页。

制，努力培养造就一大批高素质法治人才及后备力量。"① 我国法学教育历经 70 余年的发展，特别是改革开放后 40 多年的发展，已经形成较成熟的高等法学教育体系，法学本科教育规模位居世界首位，开设法学本科专业的高等院校已有 700 余所。法学教育呈现出目标本土化、模式职业化、层次体系化、方式信息化和视野国际化等特征②，如何在法治人才共性培养基础上探寻个性化、差异化的培养路径，是各个高校人才培养改革的方向。应用型城市大学新法科人才培养在立足区域社会法治建设，培养回应城市基层社会矛盾新变化、具有矛盾纠纷多元化解能力的应用型卓越法治人才方面具有鲜明特色，能够在律师、公证、司法鉴定、仲裁、调解及互联网法律等服务领域找到人才培养与城市发展需求的契合点。

其三，应用型城市大学较好地推动了校城资源深度融合，促多维协同育人。打造校城融合平台、构建协同育人机制是应用型城市大学创新应用型人才培养的着力点。基于区域城市发展需求和学生成长成才需求，应用型城市大学更利于在思政教育协同、政产学研协同、多元治理协同等方面持续深化多元协同育人机制，多维度提升协同育人效果。对新法科人才培养而言，协同育人机制的构建既包括依托校内优势学科专业搭建的交叉平台，也包括校外以传统法律实务部门为主的协同平台③、以新型法律服务机构为主的联动平台④和以城市基层依法治理组织为主的应用平台⑤等。这些平台为深化法学与其他学科专业的交叉融合、整合高校与社会多方育人力量、促进课程建设与教学改革、推动人

---

① 习近平 2018 年 8 月 24 日在中央全面依法治国委员会第一次会议上的讲话。
② 唐文娟、刘剑主编：《法学专业认知实验教程》，吉林大学出版社，2020 年 7 月第 1 版，第 18-20 页。
③ 传统法律实务部门主要指法院、检察院、司法局、律师事务所等部门。
④ 新型法律服务机构主要指互联网+法律、仲裁、公证、鉴定等法律服务机构。
⑤ 城市基层依法治理组织主要指街道办、社区等。

才培养与社会实践需求相对接等创造了良好的资源条件，也为新法科人才服务城市法治建设的持续性奠定了基础。

三、逻辑与进路：应用型城市大学新法科人才培养体系构建

在新文科建设背景下，新法科人才培养按守正与创新原则，应围绕建设社会主义法治国家需要，坚持立德树人、德法兼修，主动适应法治国家、法治政府、法治社会建设的新任务、新要求；① 同时，适时更新人才培养理念，结合学科专业定位，在价值体系、知识体系和实践体系等方面进行重塑，通过促进学科融合、创新教学方法、推动实践改革，来回应技术变革和时代发展对法治人才的新需求。

聚焦应用型城市大学建设特色，新法科人才培养可以充分利用城市大学的区位、政策、平台、文化等资源优势，将"以学生发展为中心"作为改革突破口，通过找准人才培养和行业需求的结合点，按照"思政赋能—交叉融通—协同创新"的建设思路，推进"课程思政"教育、细化人才培养方向、开设新兴交叉课程、深化协同育人机制等改革措施，探索与文科教育创新相呼应、与城市发展特色相匹配、与区域社会服务相关联的新法科人才培养模式。

（一）彰显"思政"价值引领，以"课程思政"为专业教育赋能

新文科建设要求发挥文科教育知识性与价值性相统一，需要切实提升学生的政治认同、家国情怀、文化素养、法治意识、道德修养等。同时，全面依法治国要求法治人才培养必须达到思想政治素质、业务工作

---

① 教育部、中央政法委：《教育部 中央政法委关于坚持德法兼修实施卓越法治人才教育培养计划 2.0》，载《中华人民共和国教育部公报》2018 年第 10 版，第 3 页。

能力、职业道德水准等三个方面的高标准。因此，有必要把马克思主义法学思想、习近平新时代中国特色社会主义思想，特别是习近平法治思想等贯穿到新法科人才培养的全过程和各方面。

1. 优化人才培养目标：应用型城市大学新法科人才培养应坚持深入贯彻落实习近平法治思想，坚持立德树人、德法兼修，适应建设中国特色社会主义法治体系，建设社会主义法治国家的实际需要，深度服务区域城市法治建设与社会治理实践，培养德才兼备、法律职业素养深厚、纠纷多元化解能力强的应用型复合型卓越法治人才。

2. 升级核心课程模块：依托《习近平法治思想概论》课程，重点打造习近平法治思想专题课程模块，积极探索"理论+实践"的融入式教学内容设计，通过社会调查、小组研学、情景展示、科创活动等实践项目，让学生沉浸式参与所在城市的立法、执法和司法实践，切身感受社会主义法治建设的成就，深刻领会中国特色社会主义法治道路的客观必然性和巨大的优越性。同时，以《习近平法治思想概论》课程为核心，重点挖掘10门法学专业核心课程的思政元素，通过结合课程特点和人才培养实际，将社会主义核心价值观融入课堂教学的全过程，促进思政教育与专业教育的有机融合。应用型城市大学还可以增设与所在城市发展战略和发展规划等相关的地情、社情类课程，提升学生职业规划与城市发展的契合度。

3. 打造示范思政团队：结合法学专业特色，通过组建专题课程、科研指导、读书研讨、学科竞赛、创新创业等教师团队，有针对性地开展专业学习、科研启蒙、学科竞赛、创新创业等方面的学生指导工作，构建以"课程思政"为基础，实践思政、导学思政、竞赛思政、服务思政等多个环节创新发展的思政育人体系。

（二）细分人才培养方向，探索学生差异化分类交叉路径培养

根据新技术和新产业发展趋势，学科交叉融合和跨界整合是未来文

科教育的必然趋势，新法科建设更应突破"小学科"思维，构建"大学科"视野。新法科人才的培养应践行"专业教育与个性化培养融通"理念，一方面，根据学生发展实际，以导师制为抓手，从入学开始，就在人才培养方向上进行分类引导，如学术进修类、复合交叉类、创新创业类、拔尖人才类等；另一方面，应用型城市大学有利于发挥多学科交融的优势，通过优化人才培养方案，打破学科专业壁垒，探索"法学+N"的复合交叉型人才培养方向，如"法学+经管""法学+医学""法学+教育""法学+社工""法学+外语""法学+互联网""法学+人工智能"等。

目前，有的高校立足于涉外人才培养的需求，以国际化为导向，探索"法学+外语"涉外复合型法治人才培养①；有的高校立足于理工科优势，以与计算机科学与工程学院、人工智能学院、网络空间安全学院等的合作为特色，致力推动"法学+人工智能""法律+大数据"等复合人才培养②；有的高校对传统学科方向布局进行微调，针对不同社会需求，设立了不同的特色班，致力于拔尖创新型法治人才、立法型法治人才、涉外商务法治人才培养。③

（三）改革传统教学资源，强化课程体系的跨界性和技术性

传统课程体系过度专业化，不能适应人才多样性培养的要求。新法科人才应以提升学生解决实际问题的能力为导向，适应教育信息化与法

---

① 如山东大学法学院加强与外国语学院合作，开设"法学+外语"复合型人才培养特色班，共同探索"法学+外语"复合型人才培养；厦门大学法学院以国际法学科为主要支撑，不断强化涉外法律专业知识和专业外语教学，统筹国内法治和涉外法治人才培养，探索新的涉外型卓越法律人才培养模式。

② 如东南大学法学院在法学一级学科博士点和硕士点下设立"大数据与互联网法学"方向，在全国范围内率先展开"法律+大数据""法律+人工智能"交叉人才培养。

③ 如广州大学法学院在本科人才培养阶段，开设了步云班、立法班、律师班、数字法班和涉外商业实验班。

治建设信息化的新形势。基于学科专业服务城市的统一性，应用型城市大学在探索法学嵌入式发展路径和跨学科课程建设方面具有独特优势。

在法学学科内部，专业课程要适应从传统法科教育向新法科教育转型的趋势，要嵌入新知识、新方法去解决社会实践中出现的法律新现象和新问题。应用型城市大学可立足人才培养的实际需要，一方面，对内可联合学校优势学科，组建跨学科、跨专业、跨学院教学团队，通过打造与城市发展最密切的新兴特色课程，如《法律检索与大数据分析》《人工智能与未来法律》《网络安全法》《区块链与知识产权保护》等，探索适应新法科发展的新型教学模式，以促进法科人才主动回应社会需求和适应新兴科技发展的要求。对外可开辟高校与法治实务部门互聘新领域，扩大互聘范围，可以针对"人工智能法学""法律科技"等新兴产业领域的行业专家进行聘任，探索合作培养、合作就业、合作发展新机制。另一方面，应改革传统教与学的形态，在教育教学中深度融入现代信息技术，深化在线课程和网络教学平台建设，打造智慧学习环境，探索"学研一体""产教一体"的信息教学模式。

在其他学科领域，针对城市法律风险防控的实际需要，可以探索增设系列法律风险防控实务课程，如"教育领域法律风险防控""体育领域法律风险防控""电子信息领域法律风险防控""建设工程领域法律风险防控""新闻媒体领域法律风险防控""艺术领域法律风险防控"等，从而更好地实现普法教育与专业教育的融合，让其他学科专业的学生自觉养成遵纪守法的好习惯，在未来的职业发展中能主动降低法律风险。

（四）深化协同育人机制，持续创新"政产学研用"融合平台

新法科人才的培养强调法学理论、业务需求、一线应用的深度融合，需充分整合高校、政府部门、司法实务机关、高新科技企业的力

量，形成多方参与的协同培养生态，① 推进实现理论教学与实践运用、专业教育与创新创业、个性成长与导师引导、行业需求与定向输送等方面的协同创新。应用型城市大学利用资源整合优势，通过建设校政协同、校企联动、校地应用、校内交叉的四类校城融合实践育人平台，深化新法科"政产学研用"融合一体的协同育人机制。

校政协同平台主要依托法院、检察院、律师事务所等传统法律实务部门，围绕适应国家和地区经济社会发展的实务法治人才需求，以"互聘人员双千计划"和"横向应用型课题研究"为抓手，拓展"实习法官助理""实习检察官助理"等专业实训课程，深化"真实案件资源库"和"应用型教材"等实践教学资源建设，通过建立法学"课程思政"改革的联动机制，实现高校与实务部门共同引领学生完成法律职业精神的塑造，不断提升协同育人效果。

校企联动平台主要将应用型法治人才培养与企业实践资源深度对接，进一步拓展与公证处、贸仲委、仲裁委、新型法律服务机构等校外实践教学基地的合作。探索企业全过程深度参与学生实践能力培养的方式，拓展学生实践实习就业领域，在法律信息技术、法律产业服务、法律科技融合等领域开辟法科人才培养新路径。

校地应用平台主要利用城市基层社会治理资源，与区管委会、社治委、市教育局、人社局、市妇联、街道办等政府部门通力合作，切实发挥政府部门在法治人才培养中的作用，通过打造基层依法治理阵地，利用项目制引导，促进学生参与社区法治宣传、志愿服务、挂职社区第二书记等活动，在沉浸式体验中，去感悟基层依法治理实践，发挥专业优势参与城市基层社会服务，深入推进全方位全过程深融合的协同育人新机制建设。

---

① 王禄生、王爽：《大数据与人工智能法学方向研究生人才培养模式探索——基于东南大学的"三元融合"教育实践》，载《法学教育研究》2021 年第 2 期第 13 页

校内交叉平台主要依托城市大学的多学科布局，围绕区域经济社会发展，依托优势学科，在"法学+社会工作""法学+临床医学""法学+工商管理""法学+应用心理""法学+新技术"等方面探索"交叉融通"的校内协同培养模式，实现法学人才在市域社会治理领域，以及互联网、新医药、人工智能等新兴行业的嵌入发展。

结语

新一轮科技革命和产业变革，对法科人才职业适应性和胜任力提出了新挑战，顺应新形势改革法学教育、创新教学理念和教学方式、突破学科专业壁垒，是未来新法科人才培养的增长点和发展方向。立足于应用型城市大学的发展定位，对接城市产业发展和行业需求，需进一步推动育人要素与创新资源的共享互动，建立健全高校与有关部门、科研机构、行业企业协同培养新时代法科人才的新机制，探索与文科教育创新相呼应、与城市发展特色相匹配、与区域社会服务相关联的新法科人才培养模式。

习近平法治思想中的法治人才培养观研究

侣连涛①

摘要：习近平法治思想是马克思主义法治原理与新时代中国实践相结合的产物，是马克思主义法治理论中国化的最新理论成果，也是习近平新时代中国特色社会主义理论的重要组成部分。习近平法治思想中的法治人才培养观科学回答了新时代高等政法院校为什么要培养大量的法治人才，培养什么样的法治人才和怎样培养法治人才的基本问题。习近平法治人才培养观对新时代高等院校法治人才的培养具有重要的指导意义，是新时代法科人才培养的重要理论依据。在习近平总书记看来，全面推进依法治国需要大批高素质的法治人才，法治人才的培养应当坚持正确的政治方向，而法德兼修则是新时代法治人才培养的目标。习近平总书记关于法治人才培养的重要论述为新时代高等院校法治人才的培养提供了重要理论遵循。

关键词：习近平法治思想；法治人才；培养

党的二十大明确指出我们要坚持全面依法治国，推进法治中国建

---

① 作者简介：侣连涛（1980—），男，山东郓城人，法经济学博士，副教授，硕士研究生导师，主要研究方向：习近平法治思想。

基金项目：山东科技大学 2022 年教育教学研究"群星计划"项目"习近平法治思想融入思政课教学的路径研究"，项目编号：QX2022M84。

设。事实上，无论是完善以宪法为核心的中国特色社会主义法律体系，扎实推进依法行政，严格公正司法，加快建设法治社会，还是实现到二〇三五年基本建成法治国家、法治政府、法治社会的总体目标，都离不开优秀的法治人才培养和优秀的法治人才队伍建设。2020 年 11 月 16 日至 17 日，中央全面依法治国工作会议第一次正式提出了习近平法治思想，并从十一个方面阐述了习近平法治思想的主要内涵。① 自党的十八大以来，习近平总书记在多种讲话、报告、书信或者指示中谈及法治人才培养的问题，形成了习近平法治思想中的法治人才培养观。习近平法治人才培养观科学回答了新时代高等法律院校为谁培养人，培养什么样的人，怎样培养人的基本问题，为新时代高等院校法治人才的培养提供了重要的理论依据，为新文科背景下高等院校法治人才培养何处去指明了前进的方向。

一、新时代高等政法院校为什么要培养大量的法治人才

党的二十大报告指出，教育、科技、人才是全面建设社会主义现代化国家的基础性、战略性支撑。必须坚持科技是第一生产力、人才是第一资源、创新是第一动力，深入实施科教兴国战略、人才强国战略、创新驱动发展战略，开辟发展新领域新赛道，不断塑造发展新动能新优势。在全面推进依法治国的伟大进程中，法治人才是实现社会主义法治建设的前提和保障，没有大量法治人才的培养，就难以实现法治国家、法治社会和法治政府建设的宏伟目标。因此，我们在推进中国式法治现代化的过程中，应当注重和加强法治人才的培养。

2018 年 5 月 28 日，习近平总书记在中国科学院第十九次院士大会、

---

① 张文显：《习近平法治思想的理论体系》，载《法制与社会发展》2021 年第 1 期，第 5-54 页。

中国工程院第十四次院士大会上发表重要讲话，他强调："创新驱动实质是人才驱动，强调人才是创新的第一资源……世上一切事物中人是最宝贵的，一切创新成果都是人做出来的。硬实力、软实力，归根到底要靠人才实力。"① 诚然，我国科技的创新，经济与社会的发展，中华民族复兴梦的实现，都离不开人才的驱动。而依法治国战略的全面实现，同样也需要大量的法律人才的驱动。2017 年 5 月 3 日，习近平总书记在中国政法大学考察时指出："全面推进依法治国是一项长期而重大的历史任务，……培养大批高素质法治人才。"② 习近平总书记的讲话内涵丰富、意义深远，为新时代法学人才的培养树立了目标，指明了发展方向。

全面推进依法治国是一个系统的工程，包括科学立法、严格执法、公正司法和自觉守法。全面推进依法治国的牛鼻子仍然在于优秀法律人才的培养。首先，科学立法依赖于高素质的法律人才。希腊著名的法律思想家亚里士多德在阐述自己对法治的看法时，提出了他对"良法"的理解，在亚里士多德看来，良法是法治的内涵之一，人们普遍遵守的法律应当是良法。亚里士多德同时给出了良法的判断依据，他认为凡是包含了正义的内核，能够彰显公平，实现正义的法律才是良法。③ 我国立法体制是"一元、两级、多层次"，即中央享有统一立法权，中央和地方分别享有各自范围内的立法权，我国存在法律、行政法规、部门规章、地方性法规、民族自治地方自治条例、单行条例、特别行政区的法等多种层次的法律规范。尤其是 2015 年我国对《立法法》进行修订，赋予了设区的市人大都具有了地方立法的权限。我国多种层次的立法现状也对立法的质量提出了更高的要求。法律是社会关系的调节器，往往

① 万高隆：《德法合治历史沿革、时代价值与未来方向》，载《岭南学刊》2020 年第 2 期，第 90-98 页。
② 付子堂：《法学院校要承担好推进法治中国建设的历史使命》，载《光明日报》，2017 年 5 月 26 日。
③ ［古希腊］亚里士多德：《政治学》，吴寿彭译，商务印书 1965 年版，第 199 页。

涉及个体的基本权利的赋予、限制或者剥夺。因此，哪些事项应当纳入法律的调整范围，哪些又应当排除在法律调控范围之外，法律制度如何设计、法律语言如何表达、立法模式怎样科学等一系列问题无不考验着立法工作人员所具有的专业知识和人文素养。立法是一个充满技术性的操作过程，如果没有优秀的立法者，是不可能制定出良好的法律的。因此，为了确保科学立法的实现，我们应当创新立法人才教育和培养体系，全面加强立法人员素质的培养。[1] 只有这样，我们才能做到有法可依，并且我们所依据的法律本身就是良法。立法就好比是水源，不科学的法律则是污染了水源，其所带来的社会危害性远远大于某个具体的违法或者犯罪行为所形成的具体危害，因为那只不过污染的是水流罢了。因此，科学立法依靠优秀的法律人才。其次，严格执法和公正司法更离不开高素质的法治人才。《孟子·离娄上》中指出："徒法不足以自行"，意思是说仅仅有法令条文，也不能发生实际社会效果。这是先哲们对法的实施重要性的深刻揭示。法律的生命在于实施，在于把纸面上的法律、书本上的文字变成行动中的法律，在于把抽象的法律规范与具体的社会关系的结合，在于法律规则对人们社会行为的具体调整，实现法的实效。而作为法的实施最主要的两大途径的执法和司法在法律作用发挥过程中起着非常重要的作用。无论是法律的执行，还是法律的司法适用，都离不开国家执法机关及其工作人员，离不开国家司法机关及其工作人员。国家执法机关和司法机关工作人员的素质是决定法律实效实现的关键因素。正如经文再好，但是在歪嘴和尚嘴里面念出来总是歪经一个道理，科学制定的良法，如果执法机关工作人员和司法机关工作人员，没有良好的法律素养，那么，良法也只不过一纸空文罢了。我国自2002 年所实施的国家统一司法考试，提高了司法工作人员的工作门槛，

---

[1] 王敬川、李尧：《学习习近平总书记关于法治人才培养方面的重要论述》，载《毛泽东思想研究》2018 年第 5 期，第 67-70 页。

在一定程度上保障了司法机关工作人员的业务素质和专业素养。我国不断完善的国家公务员考试遴选制度，也确保了国家执法机关工作人员素质的稳步提高。而司法工作人员、执法工作人员素质提高的根本途径还在于法律人才的培养。因此，严格执法和公正司法的实现同样需要我国改革和完善发展人才培养体系，不断完善法律人才培养方案，改革法律人才培养模式，提高法学课堂的教学质量，提高人才的培养素养。再次，自觉守法也需要高素质的法律人才。自觉遵守法律是公民的基本义务，也是法律实现的最主要的方式。法律变成社会现实依赖于国家公共权力机关的执法行为和司法行为。但更依赖于公民自觉以法律作为自己行为的规范标准，法律允许实施的积极行使自己的权利，法律规定应当承担的法律义务积极地进行履行，法律设定的行为禁区永不碰触。人民自觉遵守法律，以人们法律意识的提高为基础，如果人们不了解法律允许做什么，鼓励做什么，应当做什么，抑或禁止做什么，自觉遵守法律更是无从谈起。所以，民众法律意识的提高需要法律人才普法宣传教育。法律专业人才是社会的精英，是法律专业技艺的掌握者。法律专业人才所提供的法律服务、所进行的普法宣传教育无论是对于民众法律意识的提高，还是在法律信仰的形成都起着非常关键的作用。

法治人才培养是我国全面推进依法治国方略，建设社会主义法治国家的重要保障。广大高等院校法学教育工作者应当全面理解习近平总书记关于社会主义法治人才培养的重要论述的意义和价值，并在高校法学人才培养方案、法治人才教育模式中进行全面落实和执行。

二、新时代高等政法院校培养什么样的法治人才

新时代高等政法院校法治人才的培养应当坚持正确的政治方向。2016 年 12 月，习近平出席全国高校思想政治工作会议并发表重要讲

话，他强调，高校思想政治工作关系高校培养什么样的人、如何培养人以及为谁培养人这个根本问题。要坚持把立德树人作为中心环节，把思想政治工作贯穿教育教学全过程，实现全程育人、全方位育人，努力开创我国高等教育事业发展新局面。2017 年 5 月 3 日，习近平总书记在中国政法大学考察时，还强调，培养大批高素质法治人才，要坚持中国特色社会主义法治道路，坚持以马克思主义法学思想和中国特色社会主义法治理论为指导。2018 年 9 月，习近平在全国教育大会上指出培养什么人，是教育的首要问题，他围绕"培养什么人，为谁培养人，怎样培养人"三个基本问题阐述了新时代人才培养的目标。① 2019 年 3 月18 日，习近平总书记在学校思想政治理论课教师座谈会上进一步强调思政课教师在人才培养过程中的作用，提出了新要求、作出了新部署。

习近平关于新时代人才培养的新思想、新论断和新观点为我国法学人才培养目标指明了发展方向，是新时代我国法学教育教学改革的基本遵循。我国是社会主义国家，社会主义制度是我国的基本政治制度，我们当下所全面推进的是社会主义法治建设，我们的法治建设的目标是建设社会主义法治国家。② 因此我们在法学人才培养过程中，必须坚持社会主义的办学方向，这是新时代我国法学教育的前提和内在要求。党的十八届四中全会提出要培养造就熟悉和坚持中国特色社会主义法治体系的法治人才及后备力量，这就要求我们在人才培养过程中必须坚持社会主义的政治方向。首先，在法学人才培养目标的制定方面，应当全面以社会主义法治理念为指导，围绕培养什么样的法治人才，为谁培养法治人才和怎样培养法治人才的基本问题，制定符合社会主义法治需求的人才培养目标。其次，在法学课程设置方面，应当设立体现社会主义性质

---

① 黄进：《习近平全球治理与国际法治思想研究》，载《中国法学》2017 年第 5 期，第 5-22 页。

② 王利明：《培养明法厚德的卓越法治人才》，载《中国高校社会科学》2017 年第 4期，第 10-12 页。

和意识形态的课程，应当增设马克思主义法学、社会主义法治理念、党规学等相关课程。其次，在法学教育过程中不仅要注重部门法的教学，而且应当注重在部门法教学中进行马克思主义法学和社会主义法治教育。在法学核心课程和十六门核心课程教学中应当坚持课程思政的理念，除了传授基本的法律专业知识，还应当对学生进行正确的人生观和价值观引导，用社会主义核心价值观指导法学专业课程的教学，全面提高学生的专业素质和政治素养，使社会主义核心价值观在法学人才培养过程中内化于心、外化于行。再次，在教材选用方面，应当尽量选用马克思主义理论研究和建设工程教材，确立意识形态的主阵地，确保马克思主义和社会主义教育进教材、进课堂。再次，还应当注意加强法学专业教师的社会主义核心价值观教育，保持社会主义的政治本色。总之，法学人才培养过程中应当坚持社会主义的政治方向，坚持社会主义道路自信、理论自信、制度自信、文化自信教育，全面提高法科学生的政治素养和理论水平。通过专门的马克思主义法学教育和部门法课程思政教学使学生牢固树立社会主义法治理念，不仅指导当下法科学生的法学专业学习，而且影响着未来的职业生涯规划。无论他们将来从事哪种法律职业，具体分工可能有所差异，中国特色社会主义法治的理论底色都应当永恒不变。

三、新时代高等政法院校怎样培养法治人才

新时代的高等政法院校应当将德法兼修作为法治人才培养目标。习近平总书记在强调社会主义核心价值观的重要性时，指出，"国无德不兴，人无德不立"。① 这表明高尚的道德情操对于国家兴旺、社会发展，

---

① 习近平：《核心价值观其实就是一种德国无德不兴》，载《人民日报》，2014 年 05 月 05 日。

乃至个人的生产发展均具有十分重要的意义。习近平总书记在多种场合的报告和讲话中强调立德树人对我国教育和人才培养的重大引领作用。在习近平总书记看来，立德树人是我国基础教育、中等教育、高等教育等各个层次教育的中心环节，只有坚持立德树人，才能够培养出符合社会主义现代化建设需求的建设者和接班人。针对高等法学教育的人才培养目标，习近平总书记也明确了重要发展方向。2017 年 5 月 3 日，习近平总书记在中国政法大学考察时明确指出了我国法治人才培养的目标，他强调新时代的法学教育应当立德树人，德法兼修，培养大批高素质法治人才。2020 年 2 月 5 日，习近平总书记在中央全面依法治国委员会第三次会议上发表重要讲话。在习近平总书记看来，无论是新时代法治人才培养，还是法治队伍建设，都应当积极探索法治人才培养机制，从思想政治素质、业务工作能力、职业道德水准三个方面建设社会主义法治工作队伍。由此可见，全面推进依法治国的进程，需要大量的法律人才共同参与，同时，这些法治人才不仅要掌握娴熟的业务技能，而且应当具有较高的政治素养和职业道德。事实也确实如此，如果法律人德不配才，那么他专业素质越高，对社会的危害性则越大。中央全面依法治国工作会议于 2020 年 11 月 16 日至 17 日在北京召开，这是一次在我们党和国家发展历史上具有重要意义的会议。在这次会议上，明确提出了"习近平法治思想"的概念，阐述了"习近平法治思想"核心要义，凝练为"十一个坚持"，其中第十个坚持便是："坚持建设德才兼备的高素质法治工作队伍。"[1] 在习近平总书记看来，在法治人才正规化、专业化和职业化培养过程中应当融入社会主义核心价值观和社会主义法治理念教育，这样才能培养出忠于党、忠于国家、忠于人民、忠于法律的新时代社会主义法治人才。

---

[1] 徐祥民、王斐：《习近平"目标法治论"中的法治人才培养理论研究》，载《河南财经政法大学学报》2021 第 6 期，第 9-19 页。

如果说培养大批高素质法治人才是目标，那么立德树人、德法兼修则是实现这一目标的重要途径。事实上，德治和礼治的传统在中国历史上源远流长。根据《史记·五帝本纪》和《史记·乐记》的记载，早在三皇五帝时期，礼乐文化就开始萌芽，经过夏商周三朝的发展，到西周时期，周公旦制礼作乐，形成了以《周礼》为核心的礼乐规范体系，明确了明德慎罚的立法指导思想。《周礼》不但是调整和规范人们行为的社会规范，而且是治国安邦方案的集中表达，成为西周社会的文明秩序原理。孔子在《周礼》的基础上，建构了以"仁爱"为基础的道德规范体系，而以孔子为代表的儒家思想则构成了整个中国传统社会的文明秩序原理。可以说，整个传统中国的历史就是一部儒家思想支配的发展过程。儒家思想强调"内圣外王"，注重"修身齐家"与"治国平天下"的有机结合，因此，儒家思想的德治特征十分明显，追求德治成为儒家思想的重要政治目标。西汉时期，汉武帝采纳董仲舒的建议"罢黜百家，独尊儒术"，奠定了儒家思想两千多年的正统地位。尽管法家思想的法、术、势在统治阶级维护阶级统治中起到了非常重要的作用，但儒家思想的德治也起到了重要的社会管理作用。"立德"一词最早出现在左丘明的《左氏春秋传》中，"太上有立德，其次有立功，其次有立言。"这意味着与建功立业和著书立传相比，树立良好的德行品质是最为重要的。法律调整人们的外在行为，实现社会和谐稳定；道德调整人的内在世界，滋润人心，实现内心的安宁。德法合治、明德慎罚、德主刑辅是中国传统法治文化的重要特点，也是可以为我们今天的法治建设和法治人才培养提供有益的借鉴。法律和道德作为两大社会规范，互相补充，相辅相成，相得益彰。在社会主义法治国家的建设过程中，只有充分发挥两种社会规范的重要作用，坚持依法治国和以德治国的有机结合，才能实现最佳的社会治理效果。

我国高等院校在法治人才培养的过程中，只有注重法治人才道德品质的培养，德法兼修，才能在未来社会主义法治建设的伟大实践中做到德法并举。我们今天在培养社会主义法律人才的过程中，也应当把立德树人作为人才的培养目标，注重法律人才培养过程中德法兼修，既要有扎实的法学专业理论基础，又要有崇高的道德素养。我国高等法学院校培养的法律人才应当是德才兼备，而不是"依法缺德"。① 因此，在法学人才培养计划中，应当加强法律职业道德和伦理教育，加强对法科学生的思想道德引领。法律人应当具有高尚的人格和公正的品格，因为只有这样，才能够利用所学的法律专业知识服务社会主义现代化建设，才能维护法律的公平和正义，才能保障社会公众的合法权益。如果法律人缺乏了公正人格和正直品格，法律知识掌握得越好，对社会的危害性则越大，法律在这些人手上不是维护公平和正义的剑，而是利用法律漏洞，玩弄权术的工具罢了。我们在法治人才培养的过程中必须始终坚持立德树人、德法兼修的人才培养目标。

四、习近平总书记法治人才培养观的重要启示

习近平总书记关于高等法律院校培养德法兼修高素质法治人才培养的重要论述是习近平法治思想的组成部分，也是习近平新时代中国特色社会主义思想的有机构成。习近平总书记对我国法学教育改革和德法兼修法治人才的重要论述彰显了新时代党和国家对法学教育的高度重视，揭示了法治人才培养的基本规律，回答了培养什么样的法治人才、怎样培养法治人才、为谁培养法治人才系列根本问题。习近平总书记关于法治人才培养的重要论述对当下高校法学院系法学专业建设和法治人才培养均具有重要的启示。

---

① 杨宗科：《习近平德法兼修高素质法治人才培养思想的科学内涵》，载《法学》2021年第1期，第3—17页。

（一）在法律人才培养中全面贯彻课程思政的基本理念

2020 年 5 月 28 日，教育部印发实施《高等学校课程思政建设指导纲要》，强调"落实立德树人根本任务，必须将价值塑造、知识传授和能力培养三者融为一体、不可割裂"。根据《高等学校课程思政建设指导纲要》的要求，在法学专业人才培养过程中，也应当坚持三位一体的人才培养目标，在培养法科学生法律专业知识和职业技能的同时，应当加强学生的价值塑造，培养学生正确的人生观、价值观和世界观。在新文科建设的大背景下，高等法律院校应当加强法学专业课程思政建设。首先，应当全面加强法学教师队伍的课程思政建设的意识和能力。新时代法学专业教师应当提高对法学专业课程思政的认识，坚持"四个自信"，做到"两个维护"，认真学习和领会习近平法治思想，充分挖掘所教授法学专业课程中的思政元素，在传授法律专业知识的同时，实现对大学生的思想政治引领。其次，加强法学思政课程体系建设。法学院校应当严格执行教育部 2021 版《法学类教学质量国家标准》，在法学专业核心课程设置方面采取"1+10+X"分类设置模式，突出其中的"1"即"习近平法治思想概论"课程教学工作，加强相关师资培训，加强课程教学研究，全面提升课程教学的实效。在法学专业学生必须完成的"10+X"门专业必修课教学中，融入思政课程教学元素，实现与思政课的相互补充和融合。再次，加强法学思政课程建设。学校教务部门可以设置法学课程思政建设的教学研究项目，构建法学课程思政建设的评价标准和评价体系，持续不断地加强法学课程思政建设的质量监督工作，使法学课程思政建设工作落到实处。

（二）必须加快构建中国特色的法学学科体系、学术体系和话语体系

2016 年 5 月 17 日，习近平总书记在哲学社会科学工作座谈会上的讲话中专门就"加快构建中国特色哲学社会科学"的问题做了重要论述，明确提出要按照立足中国、借鉴国外，挖掘历史、把握当代，关怀人类、面向未来的思路，着力构建中国特色哲学社会科学，在指导思想、学科体系、学术体系、话语体系等方面充分体现中国特色、中国风格、中国气派。① 作为社会科学的法学是近代以来西方传入的知识体系，较多地体现了西方法律制度和法律文化的痕迹和烙印。许多法学教师在法学知识传授过程中，言必称希腊、罗马，对西方的法律制度和法律文化赞赏有加，极力推崇。诚然，在经济全球化的浪潮下，法律全球化是法律发展的必然趋势，在推进我国法治建设的过程中需要吸收和借鉴国外先进的法律制度为我所用，但是我们不能数典忘祖，不能一提中国的传统法律文化就认为是专制，是糟粕。有的学者甚至认为我国传统法律制度和法律文化中没有法治的基因，没有可以提取供当代法治建设所用的资源富矿，是需要加以改造的对象。事实上，我国古代法律制度中蕴含着大量的优秀法治基因，古代儒家、法家、道家等许多法律思想家的智慧仍然可以滋养今天的社会主义法治，推动今天的法治建设。② 新时代，我们在法学学术研究过程中，应当立足于中国传统优秀的法律制度和法律文化，用中国本土法律资源解读国外法律制度和文化的内核，实现外来法律制度和文化的本土化改造和转化，在立足社会主义现代化建设的伟大实践基础上，加强对我国法治的原创性概念、判断、范

---

① 王敬川、李尧：《学习习近平总书记关于法治人才培养方面的重要论述》，载《毛泽东思想研究》，2018 年第 5 期，第 67-70 页。

② 董娟、李俐娇：《论习近平法治人才培养观》，载《哈尔滨学院学报》，2019 年第 7 期第 1-7 页。

畴、理论的研究，加强中国特色法学学科体系、学术体系、话语体系建设。

（三）构建法律实务部门和法学院校之间的人才流通机制

《中华人民共和国法官法》和《中华人民共和国检察官法》第三章分别规定了法官和检察官的条件和遴选，《中华人民共和国高等教育法》第五章规定了高等学校法学教师的任职条件和任职资格。实践中，尽管也有法官、检察官离开政法机关到高等院校就职和法学教师离开高等院校到政法机关任职，但往往是个别现象，并且具有单向性，从法官、检察官到法学教师，再从法学教师回归政法队伍，或者从法学教师到法官、检察官，然后再回到法学教师队伍的双向，甚至多向的交流途径不够畅通。建议在人社部门和教育部门的共同努力下，健全政法部门和法学院校、法学研究机构人员双向交流机制，政法部门的法官、检察官可以去法律院校挂职或者兼职，定期讲授法律实务课程或者开设实务讲座，法律院校的教师在具备法律职业资格的前提下也可以去法院或者检察院进行挂职锻炼，从事一定的法律实务工作，

实现高等法律院校和政法实务部门人员双向交流，打造一支思想政治立场坚定、法学专业理论知识扎实、熟悉中国特色社会主义法治建设实践的高水平法学学者和实务专家团队，建设高素质法学专业学术带头人、骨干教师、专兼职法学专业教育教学团队。

结束语

党的二十大报告指出，到 2035 年，基本建成法治国家、法治政府、法治社会发展的总体目标。法治人才是决定我国法治发展总目标实现的重要因素，也是全面推进依法治国战略的关键。社会主义法治国家的实

现，中国特色的法律体系构建均离不开大量法治人才的培养。习近平总书记的法治人才培养观是我国高等院校法治人才培养的重要遵循和理论指南。我国是社会主义国家，依法治国必须坚持社会主义道路，因此，法治人才的培养必须坚持正确的政治方向。在法治人才的培养过程中立足社会主义政治立场是高等院校人才培养的基本前提，回答了为谁培养人的时代之问。同时，高等院校在法治人才培养过程中应当坚持法德兼修的双重人才培养目标，在全面提高法科学生专业素养的同时，提高学生的道德修养，为法治中国的实现储备德才兼备的法治人才队伍。

"德法兼修"理念下公安院校法治
人才培养路径探析

于雅璁 刘辰远①

摘要："德法兼修"既是新时代全面依法治国的客观要求，明确了新时代法治教育的目标，也为中国特色法治人才培养提供了重要遵循。对标"德法兼修"的法治人才培养要求，当前公安院校法学教育中存在法学教育定位不清，法学与公安课程设置未能有机融合、理论培养与实践教学互动效果欠佳等短板。公安院校应当在坚持"德法兼修"法治人才培养目标的前提下，以课程思政融入培养路径，以实践效果贯穿培养过程，加强法学学科建设。

关键词：德法兼修；法治人才；公安院校；培养

2020 年的中央全面依法治国工作会议上首次以"十一个坚持"明确了"习近平法治思想"的具体内容，其重要内容之一便是"坚持建设德才兼备的高素质法治工作队伍"。习近平总书记指出，要加强理想信念教育，深入开展社会主义核心价值观和社会主义法治理念教育，推进法治专门队伍革命化、正规化、专业化、职业化，确保做到忠于党、

---

① 作者简介：于雅璁，女，法学博士，四川警察学院法学系讲师；刘辰远，男，四川警察学院侦查系讲师。

忠于国家、忠于人民、忠于法律。公安院校作为人民警察的摇篮，既肩负着培养人民警察的重要使命，又承担了人民警察培训的任务，是法治人才培养的重要一环。因此，在新时代公安院校应当坚持将习近平法治思想贯穿教学育人的全过程，认真学习习近平总书记对于法学教育改革和法治人才培养的系列重要论述，将培养德法兼修高素质法治人才的思想落实到公安教育的方方面面，对青年学生坚持习近平法治思想，坚持中国特色社会主义法治道路进行思想引领，产生更加持久、广泛、深远的影响，推动新时代公安院校工作高质量发展，确保公安教育正确的政治方向、政治担当、政治本色。

一、"德法兼修"法治人才培养的重要意义

首先，培养"德法兼修"法治人才是新时代全面依法治国的客观需要。进入新的历史时期，经济社会保持高质量健康发展需要一个安定有序的法治环境作为保障，因此，党中央将全面依法治国作为"四个全面"战略中的一个重要方面，而高素质法治人才正是推进全面依法治国战略的支持和保证，所以培养"德才兼备"的法治人才同样是实现全面依法治国的重要环节。为贯彻落实全面依法治国战略，应当深入思考和研究法治人才培养这一问题，要从坚持中国特色社会主义法治道路、实现中华民族伟大复兴的角度出发，明确法治人才与全面依法治国之间的内在逻辑关联以及新时代法治人才培养的使命要求。"德才兼备"的法治人才对这一问题进行了回应，即为解决社会主义法治国家建设的人才智力保障需要为其培养一流的法治人才。德法兼修高素质法治人才培养的要求，也指明了培养法治人才和建设法治工作队伍的前进道路，这为我国法学教育的发展之途树立了一个新的里程碑，也为新时代法学教育事业发展指明了方向，引领法学教育的风帆，驶入新时代。

　　其次，新时代法治人才培养的新目标和新要求是培养"德法兼修"的法治人。首先，将培养法律人才提升到培养法治人才的高度，仅仅掌握法律知识对推进全面依法治国来说是远远不够的，而与法律相比，法治人才的要求是立体的，不仅要懂得法律知识还要掌握法律的实施、价值取向、配套环境等方面的内容；其次，将法治人才的培养要求提高到高素质人才的培养要求，这里的高素质是指德法兼修、德才兼备，在这样的培养要求下，立德树人、德育为先正是人才培养的正确方式。值得注意的是，高素质法治人才的培养过程是德法兼修，德法兼修是德才兼备的前提，换言之，高素质法治人才必须既有德且有才，不得有才却无德。实现高素质法治人才的路径是德法兼修，在以德率法、德胜于才的培养方式下的人才，必然不是这里的高素质法治人才；再次，明确了高素质法治人才培养是一个长期的实践教育的过程。以往对法学教育存在究竟是单纯的素质教育还是职业教育的争论，而随着习近平总书记"德法兼修"法治人才培养要求的提出，对法治人才培养、法学教育的认识提升到新时代法学教育应当是高水平素质教育与高质量法律职业教育的有机统一的高度。德法兼修要求法学院校的学生要当好法治工作队伍"接班人"，并且法学院校要加快改革发展进程，有效提高人才培养质量，为国家和社会输送德才兼备的新时代法治人才。

　　最后，通过培养"德法兼修"的法治人才，得以明确中国特色的法治人才培养模式。虽然不同国家都有自身独特的历史、文化背景，但各国法治人才的培养目标归根结底是为了服务本国的法治实践，因此各国在法治人才的培养上应当具有多元化的模式，并且要符合本土化的特征。"德法兼修"的法治人才培养模式是符合中国特色社会主义法治道路的模式，一方面，"德法兼修"高素质法治人才培养思想将其他国家培养优秀法律人才的先进经验和中国法治人才培养实践结合起来，积极学习借鉴其他国家的职业化教育、联合培养、法律职业准入制度等先进做法，特别强调满足法学教学的实践性要求；另一方面，"德法兼修"法治人才培养理念将中国古代选人用人标准中的先进做法和当下中国法治人才培养实践结合起来，特别强调法治人才的道德修养，并且把法治人才的政治素质、道德伦理、人格品性放在第一位。因此，在法治人才培养过程中，既不能简单照搬照抄西方的经验做法，也不能简单回到过去的做法和完全超越之前的历史积累。

二、"德法兼修"理念下公安院校法学教育的短板

（一）法学课程与公安课程设置未能有机融合

公安院校一般对法学课程的设置较为重视，无论是公安类专业还是开设的法学专业均对法学课程给予了必要的重视，但是当前绝大多数公安院校的法学专业在人才培养方式上与普通高校法学本科基本相同，而在公安类专业的教学中缺乏将法学与公安学相衔接和融会贯通的教学理念与教学方法，如果公安院校卓越法律人才培养过程中无法做到全面塑造、全面发展，尤其无法凸显公安行业特色，那么其培养的人才在将来的公安工作实践中将难以具有鲜明的公安特色和公安业务优势。

具体而言，其一，在教材的使用选择上，公安院校的法律专业课基本上采用普通院校的通用教材，虽然保持了法学专业整体上的平衡，但是未能有效体现公安院校法学教育的特色，没有针对公安教育的职业性"量身定制"，进而在教学实践上教师往往严格按照普通高校法学专业教材和教学大纲的规定执行教学任务，难以结合公安教育的特殊性灵活调整，在一定程度上禁锢了教学内容；其二，从公安类专业的法学课程来看，缺少针对公安类专业的法律课程教学，公安类专业培养的学生应当从事公安工作所必需知识和能力，有必要围绕公安实战需要展开，而

在具体的公安业务工作中，公检法司办案衔接紧密，各部门之间分工协作，在处理相关案件过程中势必要用到多种专业知识，需要精通法律知识和熟悉公安业务的复合型专门性人才，但是公安类专业的法学课程设置上以基础法学为主，没有具有针对性地制订出法律课程教学内容，公安专业有不同的领域和类别，对法律知识也有不同的需求，比如治安管理专业就应该将重点放置于与治安领域相关的行政法、刑法教学内容上，而不是直接将所有法学课程教材的内容全部进行教学。因此，法律课程教学在专业针对性上有所欠缺，导致培养的学生对本公安专业领域的法律应用知识掌握不专、不精、不牢，这也形成了当前公安院校法学专业人才培养的"公安"特色不足的问题。

（二）法学教育在公安院校的定位仍不清晰

长期以来，我国公安院校担负着培养警察人才和警务培训的职能，强调公安业务教育，"以公安教育为主体，以法学教育为补充"的模式便由此而形成了，法学教育在公安院校的定位为对公安主业教育的补充。在此种模式之下，法律课程是法学专业的核心课程，而对公安专业而言，法律课程属于专业基础课程，在科研方面和教学资源方面出现差异，出现法学教师的教学和科研积极性逐渐低落的现象，这也是由这种模式所形成的一系列后果。公安院校法学实践理念素有争议，这是源自对法律实践环节教学指导思想的不尽一致。公安院校的法学教学实践模式的定位目前有两种，一是借鉴地方的法学专业领域实践模式，二是兼顾公安专业领域的特色跨界实践模式，但选择二者中的哪种模式一直没有准确的说法。若采取前者的法学专业实习、庭审现场旁听、模拟法庭审判等法学实践模式，便缺失了公安院校的特色定位，与专业法学无异；若采取后者的法学实践与公安实践相互结合的实践模式，又会出现专业学习不精、不深的弊处。公安法学教学实践执行收效不高，归根结底是来源于对基本理念的缺失。公安教育与法学教育之间的关系很密切，从目标和定位的角度来说公安学教育与法学教育都要着眼于实践应用，而在实践环节同样体现出资源倾向于公安教育的情况，一些硬件设施如模拟法庭、模拟法律援助中心等本应为法学专业保证的校内实践教学场所配置在部分公安院校中还不够到位，这在很大程度上制约了法学教育在公安院校的发展。

（三）理论培养与实践教学互动效果欠佳

无论是公安类专业还是法学专业对学生实践能力的培养都有较高的要求，为了有效提升高等院校法学本科和公安院校本科学生的法律学习效果，必经途径便是提高学生的司法实践能力，增长学生的实践经验。但是，在公安院校法学教育中，教师在法律实训实践课的教学上采用的方法和措施不同，实践性教学的成果和效果也出现了差别。一方面，有些教师片面追求知识传授的完整性和系统性，在教学过程中过于侧重对法学理论的深入讲解的对法条法规的全面阐述，从而忽视了公安院校法学教育的自身特点以及实践性教学对公安院校法学教育的极端重要性，甚至在一定程度上脱离公安实战的需要，未能在教学中突出公安执法所涉法律知识的重点难点与实践运用，最后导致教师所教、学生所学与实践所需差之甚远、严重脱节，导致公安院校法学教育未能实现公安应用型人才的培养目标。另一方面，有些教师则过于强调实践性教学在公安院校法学教育中的重要性，认为只有实践性教学才能提高学生的法律实务应用技能，甚至把大量开展实践性教学作为在教学教研过程中是否勇于改革和善于探索的最重要的衡量标准，从而轻视在课堂教学中引导学生对法律体系的学习、法律思维的养成、法律理念的培育。有些教师往往在教学中只进行简单的知识点讲解就急于展开案例的分析与解答，经常以大量的案例教学挤占本来应有的法学理论知识的学习和讨论。有的公安院校热衷于大幅压缩法学课程教学而组织学生频繁地、长时间地到公检法机关去进行专业实践或毕业实习。

三、"德法兼修"理念下公安院校法治人才培养的发展方向

(一)坚持"德法兼修"法治人才培养目标

公安院校法治人才培养应当立足于全面依法治国基本方略,以"德法兼修"为基本目标。首先要推动法治教育从法学专业学生向所有学生的全覆盖,对"法治人才"做广义的理解,牢固树立"法"在学生内心深处的根本地位,培养兼具法治思想维度和法治思维方式的新时代法治人才,以"办事依法、遇事找法、解决问题用法、化解矛盾靠法"作为"德法兼修"法治人才的实践性标准。法治意识犹如"良知之于人",并不必然要求精通具体的法律知识,因此"德法兼修"不应当是法学专业学生的"专利",而应是每个人的法治素养。其次,坚持以立德树人为根本任务,强化德育教育,实现"德才兼备"。法学专业培养的是精通法律知识的专才,也是狭义上的"法治人才","培养法治人才必须树立社会主义核心价值观的大德,把人才培养中价值观的'扣子'系得更紧",① 如果德性滞后于法律专业知识,可能出现"钻法律空子"甚至操控法律与法治背道而驰,从这个意义上讲,德育教育也应当以全体公安院校的学生为覆盖对象。最后,立足于国内与国际、理论与实践、现实与未来的广角视野,加强学生对法治在国家治理和全球治理中的结构关联度的认识。"时代是思想之母,实践是理论之

---

① 王利明:《培养明法厚德的卓越法治人才》,载《中国高校社会科学》2017 年第 4 期。

源"，① 法治是治国理政的基本方式，最终要转化为治国理政的思想基础和实践依据，"德法兼修"法治人才的培养要引领时代潮流，积极回应时代和现实关切，着眼于解决法治领域的突出问题，让法治人才成为有用之才。

（二）坚持以课程思政融入"德法兼修"法治人才培养

习近平总书记在全国思政课教师座谈会上强调，办好思想政治理论课，最根本的是要全面贯彻教育方针，解决好培养什么人、怎样培养人、为谁培养人这个根本问题。办好思政教育的根本任务是落实立德树人教育理念，在铸魂育人的过程中充分运用新时代中国特色社会主义思想，培养学生的爱国之情，强国之志，引导学生践行报国之路，使他们能够自觉融入坚持和发展中国特色社会主义事业、建设社会主义现代化强国、实现中华民族伟大复兴的奋斗之中。公安院校中的公安思政教育发挥着培养人民警察后备力量的作用，是公安院校人才培养的重要组成部分，这同时也是对习近平总书记提出的新时代公安工作中"政治建警"的贯彻落实，为引导学生入警系好第一粒扣子提供有力的保障，必能推动公安事业、警察职业的政治属性强化到警魂中，强化到日常学习、工作、生活中。因此，必须充分发挥好、利用好思政教育在贯彻落实习近平政治建警重要论述中的渠道作用。

过去，我国法学教育由于对法治人才的思想政治导向重视不够，教材编写和教学实施过程偏重于西方法学理论，"言必称希腊"，对西方法学理论不加以鉴别批判。② 这些现象引发了人们对法学教育的思考，比如南京彭宇案发生后，引发了关于"老人摔倒后该不该扶"这样的问题，甚至出现了通过故意制造"碰瓷"行为的事件以便于讹取他人

① 王群瑛：《新时代法治人才培养的基本要求》，载《中国高等教育》2018 年第19 期。
② 梅哲、王志：《创新法治人才培养机制》，载《红旗文稿》2017 年第 5 期。

钱财的案例，这些个案折射出了"寻找法律化解社会道德危机之方法"的深刻问题，这个问题在中国同样是考验理性智慧和社会良知的现实性问题。由于法律具有强制力，所以虽说其为最低层次的道德，但是实质上与道德并不同。由此反思出对法律精神的塑造和培养是过去法学教育中所忽略的一个部分，这种法律精神与自然法与道德处于同一层面，其越于法律文本之外而存在，如果在法学本科教育中忽视了对学生职业道德素质、法律精神的培养，必然导致有的法学毕业生在法律职业当中失去了道德准则，甚至用金钱与权势在自己的法律职场寻找更快捷的道路，这便是"法治人才"在精神上的缺失。有些法律工作者甚至认为法律只是金钱与权势操纵社会公平与正义的工具，这些结果的产生都与学生在校期间法律精神培养不到位有直接关系，① 因此在新时代法学教育中更加需要强调法治与德治相结合。习近平总书记提出的"德法兼修"法治人才培养要求，蕴含着深刻的思想内涵，必须对其准确理解、把握并贯穿于法治人才培养的整个路径中，推行"健全人格教育"，从政治信仰、道德品行、专业能力等方面进行把关，把"德法兼修"的要求从根本上落实好。在"立德树人，德法兼修"的总基调下，法学高等教育将在改革步伐中充分激发内在的动力和活力。

因此，紧密结合法治精神的塑造和道德品行的培养，并将其共同融入法学教育中，努力创造尊重法律、重视品德的教育环境，全面深化法学教育创新与改革，培养德法兼修的高素质法治人才的工作才能够迅速发展。为了使"德法兼修"理念内化于心、外化于行，法学院校要通过优化培养方案和调整培养过程，有机结合思政教育与法律人文教育，正确引导法科学生的价值追求，让学生能够坚定信念，将培养有信仰、有品德、有才干的新时代法治人才作为法学院校的时代使命。通过打造

---

① 艾展刚：《高等法学教育与社会需求的失衡性探讨》，载《吉首大学学报（社会科学版）》2016 年第 6 期。

"思政金牌课程"等方式推行课程思政，为法治人才培养立德树魂，通过加强法律职业伦理和社会公益教育，为法治人才培养定向领航，发挥示范效应。[1]

（三）加强法学学科建设

高校建设中始终处于领头位置的无疑是学科建设，学科的三个核心要素为人才培养、科学研究和师资队伍建设，抓学科就是抓学校发展的根本。习近平总书记在中国政法大学视察时专门就法学学科建设发表讲话，意义深远并重大。结合当前学科发展，学科建设、科学研究和人才培养的关键词分别是"学科交叉、协同创新""问题导向、需求导向""学科交叉、跨界培养"。跨学科、跨领域的协同创新既是科学发展新的增长点的基础，也是培养具有创新精神和创造能力人才的重要途径。[2]

法学学科建设要展望至未来，必须加强创新意识、打造特色，要提出具有原创性的概念、思想和理论，培育出具有标志性和典型代表的科研成果。为实现法学教育特色化、差异化错位发展，需要将法学学科的特色彰显出来。法学学科在面对国家战略新需求以及新的重点领域时，应当首先做出回应。比如，以创建西南国家安全法学新兴学科为重点，在反恐法学、国家安全法学、民族法学等新兴交叉学科建设方面体现出自身优势，继而依托这些新兴学科培养服务国家特殊需求的高层次法治人才。[3] 只有法学学科持续发展学科建设，产出相关成果，这样才能有

---

[1] 胡明：《创新法学教育模式培养德法兼修的高素质法治人才》，载《中国高等教育》2018年第9期。

[2] 李延保：《"双一流"大学建设中人才培养目标定位的思考》，载《中国高校科技》2017年第1期。

[3] 杨宗科：《培养服务国家特殊需求的高层次法治人才》，载《人民法治》2018年第16期。

效推进培养法治人才，才能满足为建设法治中国所需要的多样化法治人才。有学者指出，涵括政治、经济、社会、文化、生态、军事、党建领域的法治，才能实现中国特色社会主义法治一体化、系统化的建构。[①]由此而言，在法学学科建设的道路中既责任重大并且需要持续奋斗，但也具有无比光明的前景。

（四）以实践效果贯穿"德法兼修"法治人才培养

习近平总书记强调："法学学科是实践性很强的学科，法学教育要处理好知识教学和实践教学的关系。要养成良好法学素养，首先要打牢法学基础知识，同时要强化法学实践教学。"[②] 培养高素质的法治人才不仅需要高校自身的力量和资源，同时也要注重与育人相结合。对法学这种实践性很强的学科，法学教育不能脱离法律职业教育，不然可能只会培养出空有理想却无真才实学的学生。因此，法学教育一直以来都非常注重对专业知识的培养。随着法学教育规模逐渐扩大，更要关注法学教育与法律实践之间衔接不紧密的问题，为解决这种问题，法学院校应该在学生步入法律职业大门前主动对接法律实务部门，形成长期并且有效的合作，从而实现资源共享、人才共育。

公安院校在实践上具有天然优势，应当主动对接公安部门，共建法学专业，同时注重面向重点地区、人才紧缺地区和国家战略布局的地区，如在四川、青海、西藏等地区培养藏汉双语法治人才，以弥补藏区专项法治人才培养的空缺，使协同育人机制变得制度化、可操作化，同时实务部门承担了院校在法治人才培养过程中无法履行的职能。重视学生对法治理论和知识的学习是培养新时代的法治人才的第一步，科学正

[①] 顾保国：《中国特色社会主义制度体系理论内涵与内在逻辑》，载《新华日报》2019年12月31日。

[②] 《全面做好法治人才培养工作》（2017年5月3日），参见习近平：《论坚持全面依法治国》，中央文献出版社2020年版，第177页。

确的法治理论在法治实践中发挥着指导的作用，理论在实践中可以得到充分有效的运用，当学生掌握了法治理论后，便能够在法治实践中对其进行灵活运用以解决相关问题。但法治实践具有多变性，为了跟进法治实践的发展进程，必须及时对法治理论进行调整和完善，因此，在培养过程中需要重视实践教学，但也绝不能止步于既有的法治理论。毕竟，理论代替不了实践，书本不等于智慧。① 在法治人才培养过程中，除了在课堂上传授学生法治理论以外，还必须把完善培养模式的重点置于完善实践育人工作的体系上，使党政机关、政府部门、公安机关、检察院、法院、律师事务所、企事业单位等全面培养法治人才，在形式上进行创新，在内容上进行拓展，同时完善加强法治人才培养的实践教学环节，在这个环节中，学生可以了解到中国法治实践的最新案例，学习中国特色社会主义法治理论研究的最新成果，而且能够切身体会法治建设的具体实践过程，积累实践经验，在未来的工作中为法治建设贡献自己的力量。

---

① 刘风景：《法治人才的定位与培养》，载《南开学报（哲学社会科学版）》2017 年第 5 期。

论法学教育知识结构的内在缺陷及法律硕士教育的发展方向

——兼论法律人才的培养模式

魏志栋①

摘要：中国的法学工作者总是面临着各种沉重的工作压力，有的压力来自社会，有的压力滋生于业务。但总体来说，旧的法学培养模式下产生的法律人才，在法律语言的逻辑性分析上，在传统文化的理解与接受上，在大众思想与生活方式的认同上，往往存在着各种不足，而这种不足主要系由法学教育中的逻辑性、人文性、综合知识的整合性三大板块的缺陷所致。当前比较好的解决思路，是以三大板块的教学为指引，针对相关专业的大学毕业生，进行系统的法律培养，从而弥补有关知识底蕴及技能的不足，培养出一批适应中国国情的本土优秀法律人才。

关键词：法学教育知识结构；法律硕士教育；逻辑性；人文性；整合性

引言

对于中国现代法学教育来说，积极参与中国特色社会主义法治建

---

① 作者简介：魏志栋，男，西南政法大学刑法学硕士，澳门科技大学法理学博士，北京师范大学珠海分校法政学院讲师。

设、为其输出一大批法学人才，特别是高端法律人，是一项重要任务。应当看到，在恢复法学教育的四十多年的时间里，各个政法院校以及综合性大学为社会输送了大量法学毕业生，他们投身于各项法治事业，活跃在法院、检察院、公安系统、律师行业，以及各类企业法务工作中，为中国法治建设的基础工程做了良好的铺垫。

然而，在经过了四十多年的快速发展之后，当中国社会进入了高科技、网络化、全球化的时代，法治建设面临着外在更大的压力与内在更多的期待。在此情形下，法学教育的一些先天缺陷开始暴露。这一方面是由于与中国特色社会主义法治建设相适应的法学理论体系本身尚不成熟，另一方面则是由于法学教育自身的指导理论也不成熟，从而产生了诸多问题，并引起了社会各个层面对法律行业的质疑、对法学教育的忧虑。这些问题如果不能够解决，将制约着未来法律人才的培养质量，从而影响中国法治的现代化进程。

一、中国法律行业面临的工作压力

在当前，中国法律行业的从业人员，特别是司法系统的工作人员的普遍感受是工作压力大，而且非常容易受到方方面面所产生的怨气。这些压力大致可以分为两种类型：一是系统外部的社会压力，二是系统内部的业务压力。

先谈前者。来自社会外部的压力，主要表现在法律需要综合考虑的因素非常繁多而且复杂，这些因素之间有的还存在对立关系，从而导致在选择法律解决方案时左右为难。这种现象在司法系统内部表现得最为突出，在企业的法务类行业中也在一定范围内存在。具体而言，法律问题往往都是各类社会矛盾聚集到非常严重的程度，用非诉讼的手段已经难以解决，最后不得不借助司法的力量来进行最后的决断。因此，法律措施本身就意味着很容易与一方、双方，甚至各方面都产生利益上的冲突。这在客观上要求法律措施本身具有相当的权威性，才能够说服大众、抑制纠纷。同时这本身也是法治的客观要求。

问题在于，传统以来，中国的政治哲学指导思想都不是以法律立国①，而是以道德与权威作为解决问题的终极手段。因此，整个社会体系的法律知识相对缺乏、守法意识较为淡薄。尽管法制教育工作已经进行了多年②，也有所成效，但并没有在根本上动摇这一基本的趋势。其所导致的局面是，如果没有专业且兼顾通俗的讲解，普通大众往往不易理解各种司法行为、法律措施、诉讼裁判其中的正当性与合理性。同时，社会各界却又往往对司法行为、法律措施抱有很高的期望，希望能够依靠其解决纠纷、定纷止争、平息社会的不满。二者之间，存在着一定的差距。更勿论社会不同层次对同一问题，往往会有不同的诉求，同时满足这些诉求非常困难。

在这种局面下，客观上就要求各类司法行为、法律措施能够站在客观中立的立场上，精确、合理、有效地做出决断，使得社会各方面能够比较容易地接受。这就对司法人员的业务能力提出了很高的要求，并随之产生了第二个压力，来自系统内部的业务压力。

说起业务压力，又主要包括两个方面的内容：一是对问题的分析，二是对问题的处理。前者主要强调的是综合分析判断能力，能够将问题

---

① 严格来说，这种观点只是通说，可能存在个别的争议。比如秦朝时，有着当时世界上最为严密的法律体系，而且根据云梦秦简等考古资料，秦人的法律意识或许未必比现代人更淡漠。尽管秦朝依然存在着权威治国的特征，但这种从上而下的法律意识，却是值得研究的。当然，秦朝大一统的历史在中华历史上只是短暂的一瞬间，汉武帝之后，基本上没有这种全民性质的法律意识了。中国历史的主流，依然是儒家所主导的以礼法纲常治天下思想。

② 这里之所以是"法制教育"，而非"法治教育"，是由于社会进行的各种法律教育中，以法律条文、法学知识的普及为重点，兼顾守法意识。因此其重点在于制度文化方面的教育，而非人文精神方面的教育。

的本质、产生的原因、影响的因素、理想的后果——厘清，从而将生活中的各种问题分解为真正的法律问题；后者主要强调的是实务处理能力，能够对法学理论进行灵活运用与推演，将其代入具体的问题或案件之中，从而获得合理的处理结果。换言之，业务压力主要表现在法学知识与法律实务之间的结合能力，能否获得一个公正合理并为社会各界所广泛接受与认可的结论。在这两个方面中，每一个方面出现问题，都可能影响问题的解决。

具体来说，在业务压力上容易出现的问题，除了工作责任心不强、法律程序出现错误之外，在具体技能方面，又表现在两种情况：一是对热点案件的处理结果不尽如人意，不能理顺天理、情理、法理三者之间的复杂关系，从而引发了激烈的社会争论，二是对专业问题的处理能力欠缺。前者主要表现在各类司法争议案例上。以近年来较为典型的案件为例，远至李昌奎故意杀人案，中至王力军非法经营案、赵春华摆射击摊构成犯罪案，近至于欢案等，这类案件的处理往往引发了很大的争议，客观上导致了大众对司法的不信任。其中一个突出的问题在于，机械理解法律规定或法学理论，将原本就存在瑕疵的法律条文①，或原本就不太贴近中国国情的西方理论直接适用于具体的案件中，从而引发了大众的不理解，甚至产生对抗情绪。

后者主要表现在一些专业问题上。在现代社会，法律与其他行业紧密结合，从而产生了一批具有高度技术性的法律事务，如卫生防疫法问题，涉及医疗卫生知识；建筑法问题，涉及建筑结构知识；海商贸易纠

---

① 基于风险理论，当前全球都面临着各种风险的挑战，中国也面临着诸多压力，如疫情控制的压力、经济发展的压力、环境维护的压力、公务员系统廉洁性的压力等。为了应对这些压力，常见的对策是出台各种法律或修正案。由于时间仓促，这些新出台的规定往往没有时间进行全面的论证，不可避免地会出现一些漏洞。在适用这类法律时，非常需要司法人员对法律理论的充分理解，以及对民族文化的深刻合理变通。

纷问题，涉及国际经济法知识，以及相关的外语技能；国际融资问题，涉及金融知识、经济学知识；环境与资源保护法问题，地理、地质、水化学等知识。这些法律问题对法律行业来说，往往是提出了很高要求，也随之带来了各种压力。

二、中国法学教育的知识结构的缺陷

正是基于法律行业所面临的如此工作压力，不得不使法学教育界进行反思，查看教育中还存在哪些缺陷，如何改进。一个显著的问题开始逐步得到重视，那就是：中国法学教育在知识结构的建立方面，存在着严重的缺陷。传统的法学教育观点似乎倾向于认为，法学教育的核心一个是法律条文，一个是法律价值，有了这二者，再加上法律常识、法律技巧，以及对法的敬畏之心，就足以胜任各类法律工作。因此，从大学法学教育，到研究生法学教育，普遍是围绕着法的价值（法的精神），与法律条文（法的形式）二者展开。

问题在于，从学科性质上，法学教育应当具有三大特点：严谨的逻辑性、深刻的人文性，知识的整合性。所谓逻辑性，是指由于无论是法学理论还是法律条文，都拥有自身严谨的体系以及一整套的推理逻辑，因此，法律人应当善于实现在现实中各种复杂的条件下，细致分析、严密推理、灵活使用法律以实现法的价值、达到设定的目标；所谓人文性，是指在法学教学中必须要强调法学的历史性、文化性与伦理性，使得法律人能够从历史发展的角度，结合本民族的文化与习惯进行法的判断与操作；所谓整合性，是指法律人要善于驾驭各种知识，包括专业知识、法律条文及法律理念，从而得出恰当的结论。在这三个方面，却都暴露出了知识结构层面的问题，有的问题是中国教育普遍存在的，有的问题是法学教育所独有的。

　　第一大短板，是逻辑性的欠缺，其中的主要问题是缺乏逻辑思维与逻辑推理能力，特别是欠缺数理逻辑的基础。尽管法学专业普遍非常重视逻辑思维训练，但不能否认的是，在教学过程中，大多数的法科学生显示出的逻辑分析能力不强，特别不擅长抽象思维的分析与理解①，而容易刻板、教条、机械地运用法律，这种特点一直被延续到实务工作中。一个典型的例证，中国刑法的犯罪构成体系，一直以来都是沿用四要件体系。尽管对其存在的种种弊端，学术界已经有较为充分的认识与论证，并且有的学者寻找到了三阶层、二阶层理论等替代方案，或探索出了对四要件的改良方案。然而在实践中，绝大多数的司法人员仍然延用的是四要件模式。在这种知识背景的前提下，如果没有经过良好的逻辑思维训练，是很难操作这些复杂的法学理论的。然而，很多法学学生的来源，是以文科生居多②，理科生选择法学专业的较为罕见。也就是说，这批学生相对来说，逻辑思维能力原本就不是很突出。而法学教育中，对逻辑思维的训练存在着显著的不足③，使得这种入学前就有所欠缺的逻辑能力难以在后天获得弥补。其最终的结局，是法科学生在毕业成为法律从业者后，对复杂案例的分析能力、深奥理论的驾驭能力显著不足，从而造成机械照搬法条、不理解其逻辑基础。此外，由于数理逻辑知识储备的欠缺，绝大多数法科学生，乃至法律从业人员，在法学方法论的训练上，都存在着严重的不足。

　　第二大短板，是人文性的欠缺，其中的主要问题是缺乏文、史、哲

---

①　根据作者十五年的高校教学经验，拥有良好逻辑推理能力的学生，不足十分之一。

②　这或许和家长们的认识相关。大多数家长忽略了法学所需要的强大的逻辑思维能力和广博的知识基础，只是想当然地认为法学只需要死记硬背法条，而且工作又相对轻松。

③　例如，在法学教育中，有几门课程是非常需要设置而极少设置的，一是专门的法条分析课，二是法律写作课（不是法律文书课）。尽管表面上任课老师都会结合自己的课程进行类似知识的讲解，事实上由于课时紧张带来的压力，以及教学人数众多产生的限制，有效的法条分析和写作讲授课时非常欠缺。

等基础性的人文知识，其中又以历史知识的欠缺最为显著。无论是法律体系，还是法学理论，或是法治思想，都是有着历史性、民族性的，都与本民族的文化传统紧密联系。一方水土养一方人，同样的道理，一方的生活方式会产生一方的法律文化。中国的法学由于历史欠债太多，因此为了跟随全球化、现代化的步伐，不得不大规模地从西方借鉴先进的法学理论和法律制度。然而，这些法学理论和法律制度往往有很强的地域性，难以直接移植，必须通过各种方式进行变通。对这一问题，中国法学界并非没有重视，而是在引进西方法学时，就尝试着实现其中国化。然而，中国的法学底蕴仍然较为薄弱，短时间内很难实现对这些理论和制度的彻底理解、融合与吸收。因此，在处理具体法律问题的时候，往往不宜机械地理解与运用所谓的先进法律理念，而是要善于甄别其与中国历史文化与人文精神的差异，并选择最恰当的方式来解决问题。本土历史文化与人文精神是一种非常坚韧而顽强的精神属性，它深深根植于每一个人的内心深处，绝不是单纯凭借着法治教育就能够转化的。中国不少的外来制度在目前的社会运行状态下存在水土不服的问题，其原因都与这种差异性相关①。对法科学生而言，只有具有良好的历史、文学、哲学素养，才足以理解这一分外微妙的问题。而中学的文史教育，原本也应该灌输给了学生类似的能力。遗憾的是，中国的中学教育，应试的成分过于浓厚，虽然优秀的学生文史基础往往不弱，但都不太擅长于将这些知识运用在法学学习与研究的过程中，从而造成了知识的割裂化现象。对于普通学生而言，这种人文知识的储备就更为欠缺，难以满足法学研究的需要。

---

① 一个典型的例证，是民法上的所谓高空坠物共同赔偿的相关制度。这一制度用意当然是好的，理论逻辑也是说得通的，但问题在于，这种制度是根本违背民族精神的，因而是难以在实践中推行的！这不是立法者决心有多大、司法人员技巧有多好的问题，而且从法的精神的角度，就不符合我们民族的责任自负的文化观念。因此，这是一次很难达到满意效果的制度尝试。

第三大短板，是整合性的欠缺。对于法学来说，有一门独立的、自成体系的专业知识，非常重要。传统的法学教育往往认为，法学本身才是教学的核心，至于其他相关专业知识，可以在工作中了解与学习。这种观念不能说是错的，但问题在于，它往往只限于接触比较低端的问题。当涉及特别专业的问题，比如疫情中的隔离要求问题、股市中的操纵交易问题、环保事故中的因果关系确定问题等，这类问题既要求很高的法学水平，同时又需要很强的专业素养，二者都要占有相当的比重，才能够胜任那些复杂的专业问题。除此之外，还有一个非常微妙的，或许会产生争议的论点：虽然法学中蕴含有深刻的价值与人文精神，但更高层面而言，法学还是更倾向于技术性、程序性、方法性。在实体问题上，往往要求更具体的知识，比如社会学、管理学、经济学等。换言之，法学与其他学科相结合，会产生更强大的动力；但如果只有法学因素存在，那么思考问题的广度、分析问题的深度，都远远达不到应当具有的要求。

严格来说，法学就应当是一门学习研究的门槛都很高的学科，既应当有强大的人文知识作为储备，又应当有逻辑能力为支撑，同时最好还有其他的系统专业知识。满足了这三点，才足以应对外在的社会环境、承担各种社会压力。但很显然，如果以解决这三个短板作为法学教育的目标，那么其中的难度几乎是不可想象的，至少在短期内难以实现。因此，法学教育有必要选择更现实的改革方案，来应对当前的社会形势。

三、中国法律硕士教育的发展方向

在当前的这种局面下，法学教育是不可能进行全面改革的，而且即便改革也将因为难度太大而很难操作。例如，一个理论上可以探讨的方案是中国法学教育全部退出本科教育，改由研究生阶段才进行系统的法学教育，从而可以在一定程度上缓解问题的严重性。但显然这是一项非常庞大的系统工程，涉及各方面的协调，短期内不可行。比较现实的做法，或许是可以考虑利用好法律硕士这一特殊的培养机制，把握好其发展方向，从而解决这三大缺陷问题。

法律硕士从设置之始，就着眼于跨专业的复合型人才，因此对于知识板块的欠缺，先天就有一定的针对性。例如，对板块一的逻辑思维能力的缺乏问题，可以着重选择数学、物理学、化学专业的大学毕业生进行培养；对板块二的人文素养的缺乏问题，可以着重选择历史专业、哲学专业、中文专业的大学毕业生进行培养；对板块三的专业技能的缺乏问题，可以着重选择对应专业如经济学、建筑学、医学、生物学、外语等专业的学生，进行分类培养。如果有的领域需要培养高端法律人才，比如"一带一路"倡议问题的专业法律人才，可以选择双专业的非法学大学毕业生进行培养。换言之，用分类培养人才的模式，进行法律人才的二次积累。

就具体的发展方向而言，在板块一的问题上，大众的认识非常容易陷入误区。例如，数学、物理、计算机等专业的同学学习法学，往往会留下一种专业非常不对口的直觉、似乎是大学的专业对法学全然无用，从而导致大学四年浪费。这种直觉不但影响同学自身，更影响授课的老师，使得在法律硕士领域，往往以文科学生为主，如中文、管理、商科等专业学生，很少出现理工科类的学生。然而，这是一种对法学特点的误解。理工科专业非常注重逻辑思维训练，这种训练本身使得他们更容易看清问题的本质、捉住争议的实质，以及进行有效的比较分析。换言之，法学的逻辑与理工科的逻辑，在方法论上，是相通的。在很多问题上，从跨专业的视野看待法学的问题，往往更会倾向于一种客观、中立的结论，而避免法学中普遍存在的先入为主的状态①。当前，理工科的学生考取法律硕士的比例相对过低，这种现象是不适合法学的未来发展的。从长远考虑，有必要广泛招收理工科学生，进行系统的培养，特别是让他们主要从事特别强调逻辑的专业，如刑法学、诉讼法学，而且教学的难度不宜过低，相信只要这样一批优秀学生能够走上正轨，将充分发挥他们在逻辑思维上的优势，以他们的想象力与创造力为法学硕士与博士开创更广阔的研究空间。

就板块二而言，有必要广泛招收历史、哲学、文学等专业的学生，他们可以主要从事宪法学、法理学、行政法学、法史学方面的研究。在处理具体问题上，充分发挥他们人文知识背景的优势，对挖掘本土的法学资源，以及实现法学理论的中国化，都有着重要意义。外来的法学理论需要从民族文化的角度进行甄别，这种甄别往往未必是理性的，常常充满了感性色彩，因此法律专业人士反而未必能够做好这项工作②。由板块二的学生进行这方面的研究，更能够事半功倍，克服一些内在的弊端。

就板块三而言，有必要针对社会上稀缺而又需要的专业，招收特定的专业毕业生进行培养。例如，选择学习商贸的、医学的、建筑学的、化学的、生物学的、外语的、地质的、金融的大学毕业生，进行专项培训，专门以各类法学专项人才为目标，从而解决当前的复合人才短期的困境。

---

① 任何一个学科，都有自身的短板和误区，法学自然也不例外。有很多结论，法学容易形成既定的偏见，在法律人看来可能没有问题，而在外人眼中却能够从不同视角发现出诸多的不和谐。经过系统培训的理工科人员，往往在法学上能够有让法学专业人士意想不到的精彩观点或新颖想法。对这一点，曾经执教过双学位或辅修的法学教师都应该深有感触。

② 典型的，很多法学学者由于长期的研究，以及内心的热爱，已经很难从客观标准，或普通人的角度去看待某些具体的法律适用问题。评判法律，需要内部的声音，更需要外部的观点。

需要指出的是，以上三大板块的培养方案，并非只针对这三项专业知识的欠缺，而同样的有侧重点的综合性培养。例如，在板块一的培养模式中，同样可以培养出法理学、民法学人才；在板块二的培养模式中，同样可以培养出优秀的仲裁员、法官、外交商务谈判人员等。

结语

以上所提出的，只是一个非常粗略的构想，要付诸现实，还需要在具体制度的设计、程序的进行、体制的协调方面进行专项研究。但可以肯定的是，这一设想是有意义的，有价值的。中国法学背负了太重的历史包袱，在过去的四十年里，已经取得了丰富的历史成就。但要想进一步发展，必须要有更新的方案与设计。其中一个核心点在于，我们要努力培养出属于在中国的法律文化与制度文明的理论背景之下，同时又能够适应中国国情、民情，将理论与实践完美融合的法律人才，只有这样，我们才可能顺利完成社会主义法治的伟大建设任务。

专题二

02

学科专业交叉改革研究

司法需求导向的新法科教育

何良彬①

摘要： 法学实践教育是打通法学教育与司法实践的重要平台和桥梁，近些年来法学实践教育亦在改革创新中取得显著进展。本文基于司法实务需求的视角，在分析归纳法学实践教育面临的新挑战基础上，就加强新时代法科生培养、改革法学实践教育提出意见建议，期盼有助于深化法律职业共同体建设。

关键词： 司法需求；法治人才培养；法科教育

党的二十大报告提出要"加强基础学科、新兴学科、交叉学科建设，加快建设中国特色、世界一流的大学和优势学科""弘扬社会主义法治精神，传承中华优秀传统法律文化，引导全体人民做社会主义法治的忠实崇尚者、自觉遵守者、坚定捍卫者"。法学是关系全面推进依法治国的重要基础学科，法学教育担负着培养造就卓越法治人才的时代重任，是现代法治社会的重要组成部分，也是法律职业共同体得以存在、良性运行的重要基础条件。值得注意的是，培养法治人才，高校法学院

---

① 作者简介：何良彬，男，成都高新区人民法院二级高级法官，

固属主力军，但其知识结构非仅限于理论性学理知识，办案实务中的实践性知识同样不可或缺，法治知识之学习讲授又岂只在大学校园，司法实务、法庭庭审也是同等重要之实践课堂。故此，法治人才之养成，实有赖于法学教育和研究机构与法律实务部门加强资源共享、搭建共推平台、深化长效合作，只有这样方能收聚沙成塔之功。

一、法科教育与法律实践面临的新挑战和新机遇

我国法律教育历史悠久，汉代文翁开官方法律教育之先①，魏以后中央政府专设法律教育机构，唐宋律学兴盛并置"明法科"考试，元以后律学博士被废致法律教育被降为幕僚胥吏私学。我国近代法律教育以 1902 年京师大学堂复校为起点，迄今已过百年②。改革开放以来我国法科教育迅猛发展③，同时也面临全新的挑战和机遇。

（一）新文科建设呼唤新的法学教育理念

据了解，2017 年美国希姆拉学院首提新文科理念，其核心在于"学科重组、文理交叉"④。在国内，"新文科"一词首见于 2018 年中央

---

①　文翁治蜀期间"见蜀地僻陋有蛮夷风，文翁欲诱进之，乃选郡县小吏开敏有材者张叔等十余人，亲自饬厉，遣诣京师，受业博士，或学律令"。参见（汉）班固：《汉书》卷 89，中华书局 2000 年版，第 2688 页。

②　1867 年，清同文馆决定聘请丁韪良开设国际法课程，被称为"中国较早讲授西方法律的教育机构"，李贵连教授将 1902 年京师大学堂复校作为我国近代法律教育之起点，王健教授则认为 1906 年成立之京师法律学堂为我国第一所近代意义的法律教育专门机构。参见姜朋：《不复过往：中国法学院纪事》，中国民主法制出版社 2021 年版，第 1~2 页。

③　截至去年，全国法学本科专业点 635 个，法学硕士点 220 个，法律硕士点 291 个。参见王健：《2021 年影响中国法学教育发展的十个方面》，载《湖湘法律评论》2022 年第 2 期。

④　徐显明：《新文科建设与卓越法治人才培养》，载《中国高等教育》2021 年第 1 期。

《关于以习近平新时代中国特色社会主义思想统领教育工作的指导意见》；2019 年，教育部实施一流本科专业建设"双万计划"，把涉及"新文科"的本科专业建设作为全面振兴本科教育、实现高等教育内涵式发展的一个重点抓手，推动"新文科"概念与本科专业建设工作的结合；2020 年 11 月，教育部新文科建设工作组主办的新文科建设工作会议发布《新文科建设宣言》；2021 年，中南财经政法大学、山东大学先后创办《新文科教育研究》《新文科理论与实践》等新文科教育学术期刊；2021 年 3 月，教育部启动新文科研究与改革实践项目立项工作，全国共 1011 个申报项目获得立项，法学类约有 90 个项目，其中法学领域新文科建设实践研究约 28 项。党的二十大对加强基础学科、新兴学科、交叉学科建设提出了新要求，新文科建设加快推进，法学教育亦面临新的挑战①，主要体现在六个方面：整体定位从西方知识谱系转向法学的中国价值与中国话语；学科建设从偏重部门法的封闭自洽转向多学科交叉开放；教育目标从单纯的知识增量转向兼修的方法创新；传授重心从侧重理论知识转向理论与实践并重的互动融合；知识体系从注重现状的横向为主转向更加强化历史传承的纵横结合；技术载体从传统的线下教育为主转向更加注重人工智能、大数据的嵌入与支撑；运行模式从

---

① 有关新文科建设背景下的法学教育创新及转型研究，参见徐显明：《高等教育新时代与卓越法治人才培养》，载《中国大学教学》2019 年第 10 期；徐显明：《新文科建设与"新法学"教育的挑战与应对》，载《新文科教育研究》2021 年创刊号；徐显明：《新文科与新法学》，载《新文科理论与实践》2022 年第 1 期；胡铭：《数字法学：定位、范畴与方法——兼论面向数智未来的法学教育》，载《政法论坛》2022 年第 3 期；杜宴林：《当代中国法学人才理论思维的培养》，载《法律科学（西北政法大学学报）》2022 年第 4 期；黄彬、吴小勇：《新文科视域下的法学人才教育培养探析》，载《教育教学论坛》2022 年 6 月第 24 期；王健：《2021 年影响中国法学教育发展的十个方面》，载《湖湘法律评论》2022 年第 2 期；刘艳红：《从学科交叉到交叉学科：法学教育的新文科发展之路》，载《中国高教研究》2022 年第 10 期；李倩、李保芳：《人工智能时代法学实践教育模式的五维变革》，载《昆明理工大学学报（社会科学版）》，2022 年第 5 期。

院校自我推进为主转向多方协同推进等。有的学者倡导"新法科"概念，强调其基本理念在于"深度交叉融合"，并提出分探索阶段促进学科交叉、深化阶段设置交叉学科的建设思路①。

（二）法解释时代呼唤面向司法实务的裁判解释学

十多年前，有学者宣称我国已"从立法学时代进入了实施立法的解释学时代"②，当时似乎还言之尚早。2021 年 1 月《中华人民共和国民法典》实施，法解释时代已经来临。作为裁判依据的正式法源，与作为裁判论据的隐性法源的二元法源体系正在形成，对司法实践来说，确立法源意识、完善解释方法体系更显迫切，培育多元化裁判理由的论证技术，建构面向司法实践的裁判解释学，已经成为法学院校与人民法院、法学理论与司法实务共同面对的一个时代课题。

（三）司法改革的"深水区"攻坚呼唤体系化改革方法论

法律教育的历史表明，"我国法律教育往往既充当了法律改革的先声，也受制于法律发展现实"③。近几年来，司法改革逐步从浅表转入深层，从技术改良迈向体制机制，从"见子打子"转变为"综合集成"，刑事庭审实质化、民事诉讼繁简分流、四级法院职能定位改革等越来越体现出上述趋势，法学教育和司法实践均面临新的重大契机和挑战。如何加强法学理论特别是司法改革方法论研究，构建体系化司法改革技术，促进立法完善和司法统一需要法律职业共同体各方的共同

---

① 刘艳红：《从学科交叉到交叉学科：法学教育的新文科发展之路》，载《中国高教研究》2022 年第 10 期。

② 黄卉：《论法学通说（又名：法条主义者宣言）》，载《北大法律评论》2011 年第 2 辑，第 373 页。

③ 姜朋：《不复过往：中国法学院纪事》，中国民主法制出版社 2021 年版，第 301～302 页。

努力。

（四）司法活动与法律职业的双重态势呼唤法学教育与人才培养的升级转型

随着审判专业化进程日益深化，分的态势日趋明显，在审判机构上反映为法院数量、类型不断增多，专业化审判格局日益成型，最高法院增设六个巡回法庭，知识产权法院、互联网法院等专门法院以及各类专业法庭相继出现和增多，如天府中央法务区已设置六个专业法庭，民事审判专业庭越拆越细，五六个民庭在基层法院已属常态，如果加上专业化法庭则远不只此，一个基层法院实际上有十个或以上民庭。其实国外也有类似情况，如德国最高法院有十四个民庭。与此同时，合的趋势也在显现，立法领域中突出体现为统一民法典颁布实施，环境法典、行政法典等列入全国人大立法规划；司法领域体现在刑事、民事、行政审判"三合一"法庭和审判机制增多，跨域立案全面推广，区际司法协作不断增强；执行领域反映为执行工作的一体化统一管理、统一指挥、统一调度模式普遍推广，执行网上一体化查控不断完善，执行联席会议机制逐步强化等；诉讼服务、司法政务管理领域体现为全国统一的诉讼服务网络、庭审直播网、裁判文书网等。

（五）互联网、大数据、人工智能等新技术呼唤司法理念及司法模式的重塑

邓子滨教授直问："所有现代审判制度都遇到一个挑战：人类才智是否足以应付科学技术带来的生活方式的变？"① 萨斯坎德曾预测，在线纠纷解决技术将会成为颠覆性技术，彻底挑战传统法院和律师的工作，由此，电子工作、基于信息技术的法院、虚拟法院以及在线纠纷解

---

① 邓子滨：《"科学审判"》，载《读书》2021 年第 11 期。

决将会成为未来纠纷解决方式的主流，绝大部分纠纷案件均可通过在线诉讼解决①。工业革命的历史表明，技术和平台的变革最终会带来颠覆性的变化。正如布罗代尔指出，技术迟早要成为社会的刚需，技术终将改变世界②。就此而言，我们没有理由对在线诉讼的未来不抱以乐观态度。真正的问题也许是：司法如何调适自身，技术又如何融入司法？总体上看，我们既要对各种新技术、人工智能和大数据在刑事诉讼特别是刑事审判中的应用前景持欢迎态度和乐观预期，但更要深入地评估和研究上述新技术的运用给刑事司法理念、刑事审判程序、法庭调查技术、诉讼主体行为、诉讼权利保障等带来的风险和挑战，稳健推进各种新技术、人工智能和大数据在司法活动中的应用，使之更好地造福于现代刑事审判和人权保障。现代法学教育与法律职业必须适应这一趋势，而非自绝于新技术大门之外。

二、多重挑战机遇下的新法科生素养

陈顾远先生曾将法律教育之目标界定为三个层面，养成一般人的"守法"精神，使之通晓法律常识，法学教育借此平凡化；造就多数人的"知法"能力，使之具备法律知识，法学教育借此普及化；还要着力培育少数人的"明法"智慧，使之厚植法律学识，法学教育借此提高化③。最后一条即为针对作为未来法律理论家、法律实务家的法科生的特殊要求，至今仍有积极意义。2018年9月，教育部、中央政法委《关于坚持德法兼修实施卓越法治人才教育培养计划2.0的意见》确立

---

① [英]理查德·萨斯坎德：《法律人的明天会怎样？——法律职业的未来》，何广越译，北京大学出版社2015年版，第120页.

② [法]费尔南·布罗代尔：《十五至十八世纪的物质文明、经济和资本主义》，顾良、施康强译，商务印书馆2017年版，第532~533页。

③ 陈顾远：《陈顾远法律文集》，商务印书馆2018年版，第503页。

培养造就一大批宪法法律的信仰者、公平正义的捍卫者、法治建设的实践者、法治进程的推动者、法治文明的传承者的总体目标，同时提出厚德育，铸就法治人才之魂；强专业，筑牢法学教育之本；重实践，强化法学教育之要；深协同，破除培养机制壁垒；强德能，加强法学师资队伍建设；拓渠道，发展"互联网+法学教育"；促开放，构建涉外法治人才培养新格局；立标准，建强法学教育质量文化等8项措施。

（一）树立基于实操视角的法治信仰

1. 事实可以查清。事实能否查清，证据可否核验，真相得否还原，诚属形而上的哲学问题，更是形而下的操作问题。这取决于我们对事实一词的不同立场及诠释方法，比如客观事实与法律事实、绝对真实与相对真实、客观事实与证据事实等。支持者有之，如弗兰克尔认为，"法律诉讼的目的是获取事实真相并得出正确的判决结果。这是法官的唯一目的"①；反对者亦有，有德国学者断言"在当前的司法制度中，没有哪一个司法制度仍然坚持无条件地发现真实"②。本文认为，诉讼作为专事纠纷解决的国家程序装置，不仅担负着查清事实的职责，同时也具备查清事实之可能与条件③。作为未来法律职业人的法科生，应当基于

---

① ［美］马文·E.弗兰克尔：《追求真实：一个裁判的观点》，载［美］虞平、郭志媛编译：《争鸣与思辨：刑事诉讼模式经典论文选译》，北京大学出版社2013年版，第329页。

② ［德］托马斯·魏特根：《刑事诉讼致力于事实真相么——一个德国人的视角》，吴宏耀译，载何家弘主编：《证据学论坛》（第十卷），中国检察出版社2005年版，第517~518页。

③ 在前不久中国人民大学法学院第一期"证据法学博士生论坛"上，有学者针对"人们无法认识案件事实"的观点指出，"这个结论是违背常识的。司法领域认识的目标不是发现所有的事实，而是止于一定的层面，即对定罪量刑意义的事实，这并不是一个高不可及的目标。即便认识失败，无法发现真相，证据制度也已经发展出应对这种失败的系统方案——引入证明责任规范来解决认识难题。但因此从根本上否定人们认识案件事实的能力，是反常识的"，此观点实值赞同。参见吕宏庆等：《证据真实观的语言哲学思考》，公微号"司法兰亭会"，2022年9月11日。

实践视角，确立事实可以查清、证据能够核实的基本信念。

2. 法意能够阐明。我国古代一向注重法意之发现与阐释，司马光曾言"凡议法者，当先原立法之意，然后可以断狱"①，直陈法意之于司法裁判的重要性。车尔尼雪夫斯基讲，生活不缺少美，而是缺少发现；同理，法律不缺少意图，而是缺少眼光。法律职业尤其是司法裁判，本质上是以案件为载体、以法意为归依、以公正为目标。耶林曾言，目的乃所有法律之创造者②。目的因素，尤其是法律制定时立法者所欲实现的目的，是法官在裁判案件时必须尊重和遵循的重要因素。对法律制定时立法意图及关联目的探寻和阐释，构成法意解释的重要内容。"法意解释，系指探求立法者于制定法律时所作价值判断及其所欲实践的目的，以推知立法者之意思，而为解释之方法"③，又称历史解释、沿革解释，也有学者将其与立法解释等同④。对在具体案件尤其是争议性个案中探寻法律制定时的立法本意，固为公正裁判所需，然亦诚非易事。法意能否阐明，既关联法官作为法律解释者的职责，也涉及随时因变的立法意旨得否发现并准确表述的实质。法意解释中向有主观主义、客观主义之分，亦存原始意旨与应然意旨之别。但从司法实践层面来看，法意可以发现，法律解释能够做到妥当，应当成为法律职业人的底层逻辑与基本共识。

3. 公正必将实现。博登海默曾言，公正长着一副普洛透斯似的面孔，意指公正之模糊与不确定性⑤。千百年来，关于公正的定义、本质与标准等，一直是法理学及部门法学领域挥之不去又无法确定的幽灵难

---

① 转引自陈景良：《"文学法理，咸精其能"（上）——试论两宋士大夫的法律素养》，《南京大学法律评论》1996 年秋季号。

② ［德］魏德士：《法理学》，丁晓春、吴越译，法律出版社 2005 年版，第 234 页。

③ 杨仁寿：《法学方法论》，中国政法大学出版社 1999 年版，第 123 页。

④ 梁彗星：《民法解释学》，中国政法大学出版社 2000 年版，第 215 页。

⑤ ［美］E·博登海默：《法理学：法律哲学与法律方法》，邓正来译，中国政法大学出版社 2017 年版，第 266-267 页。

题。其实，司法公正能够且应当实现，司法公正是个案化、具体化和个性化的，可以在一个基本共识的顶层架构下，基本实质解纷、案结事了的需要实现合法性与妥当性兼顾的安排。公正可以从多个层面予以评价，在实体层面，公正裁判基于事实真相、可核验证据以及明确具体的法律依据，是基础事实、权益诉求与据法司法的统一体；在程序层面，公正诉讼意味着严格遵循法定和正当程序，确保双方得到公平对待和实质性辩论机会；在感受层面，公正司法要求裁判者要以普通人之心进行换位思考，以法律人之智进行理由论证和信服达成，充分实现可视、可感司法，让人民群众在每一个司法案件中感受到公平正义。

（二）保持应用需求的学习热忱

1. 求真的问题意识。问题，构成所有学习与研究的原始起点。是否具有问题意识，乃是法科学习实效性的评价标准。而问题是否为真，则从根本上决定了法学教育研究的出路所在。对以定纷止争为圭臬的法律职业而言，求真的问题意识尤其重要。法律实证研究的持续升温，已经成为近 20 年特别是最近 10 年来我国法学研究中引人注目的现象，尽管对其含义、标准、分类以及方法等尚存争议，但强化法律实证研究已成多方共识。有学者指出，我国司法改革的不断深化，进一步"加大了通过法律实证研究来发现真实问题、评估法治真实问题、提供有效解决方案的迫切需求"①。多年来，左卫民教授等学者在继续坚持和深化多元理论视角研究的同时，大力倡导基于问题导向、面向司法实践、推动双向互动的司法实证研究方法，整体上遵循的是一条"发现问题、描述问题、剖析问题、解决问题"的学术路径。其实，无论法学研究还是司法实践，根本上都须遵循问题导向，坚持应用驱动，才能真正行

---

① 程金华：《当代中国的法律实证研究》，载《中国法学》2015 年第 6 期。

稳致远。

2. 求解的研习态度。法国民法典针对法官职责有两条著名规定，一为不得拒绝裁判，二为不得用确立一般规则的方式进行裁判①。对依法提交到法院的司法案件，法官必须依法定程序进行审理，并做出明确的裁判。就此而言，司法办案实属解应用题，制作判决实属做应用文。司法活动的这一属性，要求法学教育、案例研习本质上是应用性研究，要以聚集问题为主线、妥善解决为目标，不能搞成议会辩论或沙龙清谈。求解之道，既重在实践操作，亦依靠理论指引。有学者指出，社科领域的学习研究涉及三种知识，第一种是理论性的，第二是专业性的，第三种是作为工具的方法性的，其中理论性知识具有决定性意义，理论最终决定了研究的格局、高度和境界②。霍姆斯甚至认为，"用不着为理论可能不切实际而杞人忧天，就理论之绩效而言，它实际上意味着抓住了问题之本原"③。大学四年时期，是夯实理论基础、健全法学通识的关键时期，这在很大程度上需要理论知识的铺垫。大学毕业后的法律职业仍需持续累积的学习，但这种学习相当程度上是实务性和操作性的，由于时间、精力以及资源所限，实务工作中很难进行系统性的理论学习，所以要特别珍惜大学时期的理论学习机会。好的实证学习研究亦应当与理论结合起来，不能为实证而实证，要注重实证基础上的理论提炼和升华。

3. 求善的修为境界。亚里士多德最早将良法善治确立为公民社会

---

① 第 4 条，"法官如借口法律缺项、法律不明确或不完备而拒绝审理，得按拒绝审判罪予以追究"；第 5 条，"法官对其审理的案件，不得以一般规则的处理方法进行判决"。参见萧榕主编：《世界著名法典选编·民法卷》，中国民主法制出版社 1998 年版，第 272 页。

② 袁世硕：《治学经验谈——问题意识、唯物史观和走向理论》，《中国研究生》2018 年第 2 期。

③ ［美］O·W·霍姆斯：《法律之道》，许章润译，载《环球法律评论》2001 年第 3 期。

有序治理的核心要素，良法善治乃现代法治社会的重要目标。法治之善，穿透于立法、执法、司法全程和社会治理全域；融贯于法律职业的学习、实践终生。我国自古以来，天理、人情、国法皆为司法裁判的重要依据，历代司法裁判多重视情、理、法兼顾，呈现出浓厚的说教向善色彩，如宋代《名公书判清明集》判词多有"酌以人情参以法意""情法两尽""非惟法意之所碍，亦于人情为不安"等语，最具代表性的如胡石壁谓"殊不知法意、人情，实同一体，徇人情而违法意，不可也，守法意而拂人情，亦不可也。权衡于二者之间，使上不违于法意，下不拂于人情，则通行而无弊矣"①，于今仍有积极意义，值得用心借鉴。

（三）厚积法史底蕴

1. 弘扬优秀传统。习近平总书记深刻指出，"只有坚持从历史走向未来，从延续民族文化血脉中开拓前进，我们才能做好今天的事业"；"治理国家和社会，今天遇到的很多事情都可以在历史上找到影子，历史上发生过的很多事情也都可以作为今天的镜鉴"。以习近平法治思想为指引，坚持回看走过的路（传承中国古代司法文化精华、弘扬人民司法优良传统）、比较别人的路（关注借鉴人类法治文明的共同成果）、眺望前行的路（构建、完善、传播新中华法系），借鉴吸收古今中外法治文明有益成果，牢固树立法治领域的道路自信、理论自信、制度自信与文化自信，不断推进当代中国法治理论与实践创新，让新中华法系傲然屹立于世界法治文明之林。

2. 培养法史兴趣。章学诚言"修性命者必究于史"②；霍姆斯曾谓，"理性地研究法律，很大程度上，就是研究历史。因为没有历史，我们即无以知晓规则的精确范围，而对此了然于心，乃吾人职责之所

---

① 周名峰校释:《名公书判清明集·户婚门》，法律出版社2020年版，第354页。
② （清）章学诚:《文史通义》（上），叶瑛校注，中华书局2014年版，第484页。

在，因而，历史必得成为法律研究的一部分"①，就此而言，有无深厚的法律史知识，可谓划分伟大与平庸法律工作者之分水岭；"高更三问"亦同样适合于法律职业。法律总是变化中的、历史中的动态过程，苏轼讲"风俗之变，法制随之"②；孟德斯强调"我们应当用法律去阐明历史，用历史去阐明法律"③，这意味着，我们认识和分析法律问题，要秉持立体而非平面的架构，历史而非孤立的立场，变动而非静止的思维，要善于理出来龙去脉，正本清源，这样才能真正客观和准确理解法律问题、深化理论认识、指引司法实践。

3. 追寻"活"的法律。近些年来，史学领域有学者提出从静态的文本研究转向动态的过程研究，认为"如果一个制度只是停留在文本阶段，我们可以说这个制度事实上是不存在的"，并提倡转向"活"的制度研究，所谓"活"的制度，"首先是指一种从现实出发、注重发展变迁、注重相互关系的研究范式"④。同理，"如果包含在法律规则部分中的'应然'内容仍停留在纸上，而并不对人的行为产生影响，那么法律只是一种神话，而非现实"⑤。故此，法学领域亦有"活法"之谓，意指"一个抽象的法律规定在形塑人们的行为或为法律裁判提供一种渊源方面是否有效，只有通过考察行动中的法律才能确定"⑥，"活"的法律更应注重法律实施过程以及结合个案裁判的法律文本解释。从总体

---

① ［美］O·W·霍姆斯：《法律之道》，许章润译，载《环球法律评论》2001 年第 3 期。
② （宋）苏轼：《议学校贡举状》，载（宋）苏轼：《苏轼文集》第二册，中华书局 1986 年版，第 723 页。
③ ［法］孟德斯鸠：《论法的精神》（下册），张雁深译，商务印书馆 2020 年版，第 420 页。
④ 邓小南：《走向"活"的制度史——以宋代官僚政治制度史研究为例的点滴思考》，载《浙江学刊》2003 年第 3 期。
⑤ ［美］E·博登海默：《法理学：法律哲学与法律方法》，邓正来译，中国政法大学出版社 2017 年版，第 259 页。
⑥ ［美］E·博登海默：《法理学：法律哲学与法律方法》，邓正来译，中国政法大学出版社 2017 年版，第 260 页。

上讲，司法裁判者的基本立场是法意可以发现，律旨能阐释，同时这一发现、阐释的过程与方法仍然贯穿着历史的、变化的、活的因素。因此，既要关注法律精神、法律原则与法律条文，学习掌握法律文本；更要关注法律实践，旁听观摩庭审，研读判决理由，评估法律的实施效果。

（四）培养适应时代需求的理论思维

恩格斯指出，"一个民族想要站在科学的最高峰，就一刻也不能没有理论思维"[1]，这同样适用于法学教育和司法裁判活动。法律在本质上是一种基于实践导向的应用知识和操作体系，但并非意味着司法裁判不需要理论思维。法学当然要以解决实际问题为归依，但法学绝非仅仅是对策之学，法律人才亦不是法律工匠和机器。处于新文科建设加快推进、民法典进一步深入实施、人工智能日新月异等多重背景下的当代中国法学教育与法律职业，可以说比过去任何时候都更需要法学理论的深度滋养与有效训练，"法学教育的首要任务就在于理论思维的教育，它决定了人才成长的方向和格局，其基本目标就是培养出熟练掌握专业技能并富有理论思维的法学人才"[2]。第一，保持理论思维的兴趣热忱。如何解决纠纷既是知其然的实践活动，同时又是知其所以然的价值判断和理论探索。特别是遇有法律没有明文规定或存在法律冲突场合，基于法官不得拒绝裁判的法治共识和法律精神，如何从立法原则、法学通说获取帮助，并结合具体案件诉争焦点进行说理论证，更需理论思维的指引。第二，扩展理论思维的知识储备。理论思维之养成，离不开对已有法学理论发展、演变、论争情况的梳理、比较与运用。对涉及法律适用争议的具体案件而言，法官亦需对诉争焦点涉及的理论研究与学术争鸣

---

[1] 《马克思恩格斯全集》（第 20 卷），人民出版社 1971 年版，第 384 页。

[2] 杜宴林：《当代中国法学人才理论思维的培养》，载《法律科学（西北政法大学学报）》2022 年第 4 期。

动态有清晰的把握，才能为裁判的释法说理奠定扎实的理论基础。第三，健全理论思维的方法技术。理论思维运用到争议性个案中，突出反映为裁判思维的方法技术问题。德国哲学家伽达默尔指出，所有研究的本质恐怕是发现新方法，而不是单纯地运用通常的方法。培养理论思维，既与解决问题、促进司法和法学进步的直接需求相关，也是发现新的方法、培养法律人才的长远之道。

三、推进新法科人才培养与新法科教育的校院共建格局

2017 年 5 月，习近平总书记在视察中国政法大学时强调，要打破高校和社会之间的体制壁垒，将实际工作部门的优质实践教学资源引进高校，加强法学教育、法学研究工作者和法治实际工作人才之间的交流，促进理论和实践相结合。2019 年 11 月，周强院长在北京航空航天大学座谈时指出，要深化人民法院与高等院校的合作，加强资源共享，坚持理论联系实际，推动司法实践与教育科研紧密结合。进一步加强法学教育改革，推进理论与实务部门双向互动和深度融合，既是落实习近平总书记重要讲话精神的必然要求，也是加快培养适应新时代中国特色社会主义法治建设人才的长远需要。

（一）建好一个基地，优化实习法官助理机制

近几年来，成都法院积极探索实践法律人才培养院校共建共享新模式，打造配备实习法官助理"成都样本"①，通过与高校签署法律实习

---

① "全市 14 家法院和 11 所在川高校签订战略合作协议，同步面向全国高校招录实习法官助理，已与全国 29 所高校联合培养 8 期共 629 名实习法官助理，人均辅助办理案件 46.2 件，64 名实习法官助理按程序成为政法干警，有效助力审判执行工作，促进法律人才培养，实现多方共赢"。参见《探索实践法律人才培养院校共建共享新模式，打造配备实习法官助理"成都样本"》，载《人民法院报》2020 年 7 月 27 日第 4 版。

生等合作协议，选派优秀法科生到法院担任实习法官助理，对法科生拓展实践性知识结构、培养司法实操技能发挥了积极作用，并成功入选最高法院第八、九批司法改革案例。但在推进实施中仍存不足，如基层法院法官普遍反映实习期限过短，难以达到培养新人、熟练流程、提升技能的效果，带着问题学、结合目标练还应进一步加强，优秀实习法官助理的入职渠道和衔接机制亦应进一步完善。建议法学院与法院进一步加强合作，双方共建应用法学实践教育基地，深化长效化法科生担任实习助理机制，共享理论、实践教学资源，建立优秀实习法官助理入职直通机制，持续推进法院实习的规范化、梯次化和常态化。

（二）推进两类教学，提升理论实践融合深度

法科教育应当实现两个微观目标，一是课程学习做好准备，二是为未来法律执业做好准备①，建议着力加强两个方面教学：一是要做强交叉融合教学。主要包括：邀请法学名家，开设精品课堂，开阔理论视野；邀请司法名家，开设实务课堂，关注司法改革；与司法部门联合举办专题研讨、互动沙龙，推进理论与实践有效融合；有针对性地开设和拓展跨学科课程，重点促进法学与社会学、历史学、民俗学、经济学、医学等学科的交叉互鉴和实践共融；打破传统的部门法壁垒，积极提倡和推进基于实体视角的程序法与基于程序视角的实体法研究教学，促进实体法与程序法的深度交融；结合司法实践需要，促进民法、刑法、行政法、强制执行法等相互之间的融贯教学，积极开展刑民交叉、行刑衔接以及知识产权、环境资源等"三审合一"机制实证教学。二是深化实战教学。法律本质上是一门实践性技艺，"在法律的学习中、在法学

① ［美］卡尔·卢埃林：《荆棘丛：我们的法律与法学》，王绍喜译，中国民主法制出版社 2020 年版，第 161 页。

院的学习和律师执业中有一个诀窍，那就是将业务、文化和职业融为一体"①，为此要积极组织学生到法院、检察院、律所事务部门参观，了解事务部门的基本架构与运作模式，特别是要积极开展庭审观摩座谈；选择优秀学生到实务部门进行实习或者参加法律诊所的法律研究活动；组织模拟法庭、法庭辩论、文书制作等竞赛活动，锻炼学生基本的实务技能和技巧。近几年来，成都法院坚持深化刑事庭审实质化、民事庭审优质化和行政诉讼优化审三大诉讼改革，强化庭审观摩、文书选评、案例示范，刑事庭审实质化成果纳入顶层司改决策部署，行政诉讼优化审带动"五大练兵"热潮，民事庭审优质化更激发学者、律师等多方共同响应，高新法院在连续两年诉讼庭审竞赛中亦斩获佳绩，一批青年才俊相继涌现，上榜庭审案例持续上升。建议进一步加强校院三大诉讼庭审竞赛观摩和文书评比等交流合作，使之成为理论实务融合和法律职业共同体同台练兵、同堂培训、同步提升的新领域、新品牌。

（三）打造三类课堂，突出实践实证应用能力

首先，做优实务实证课堂。围绕一段时期学界关注热点与司法实务难点，邀请资深法官、检察官、律师等开设法律实务课程，同时邀请实务调研专家，围绕司法实践重点、热点、难点问题讲述调研方法技巧，培养实证研究能力。校院共建法科生与法官、法官助理法律服务社团，积极开展进社区、进乡村、进企业、进学校等活动，针对群众纠纷需求开展门诊式法律志愿服务，为基层社区群众提供法律援助服务，提高法科生服务社会的实践能力。其次，升级案例分析课堂。培养具体案件具体法律问题中的案例分析、法律解释能力至关重要，最高法院原专委胡

---

① ［美］卡尔·卢埃林：《荆棘丛：我们的法律与法学》，王绍喜译，中国民主法制出版社2020年版，第218页。

云腾大法官曾以格言意境与工笔风致深描案例法治之重要价值①。归根结底，每一个案例都是生活的故事，更是权利保障的阶梯，"因为每份判决书都是关于人的文件，每个案件都是有生命温度的人的抗争"②。同类情形同等对待是现代法治的必然要求，推进案例指导与案例法治诚可谓建设法治中国之基础工程。案例法治课堂之实践目标有四：在个体私权层面，针对特定当事人实现定分止争与矫正正义；在社会公众层面，针对不特定主体提供行为引导与效果预期；在司法运作层面，为后发类似案件前置镜鉴指导，期为类案同判、适法统一；在治理体系层面，实现立法意旨、完善法律规则、推动法治进步。再次，丰富文书制作课堂。就法律职业素养养成而言，文书起草既是更难的技艺，又是更吸引人的技艺③。要以培养基础技能为目标，扩展邀请司法实务专家讲授代理词、辩护词、上诉状、判决书、裁定书、裁决书以及庭前会议笔录、阅卷笔录、庭审笔录等诉讼法律文书的撰写方法，组织法律文书制作竞赛点评，提升法科生文书制作技能。

（四）整合四类资源，用活法律双向多方共享平台

一要共享人力资源，共推共建校院双向理论与实务专家人才库，积极推动人才库专家参与司法改革、审判机制、案件评查、案例培育、人

---

① "如果说法治社会是一条长河，那么人民法院每年审理的上千万件案例，就是铺垫这条大河的河床，对案例的研究就是淘出最具价值的金子；如果说法治社会是一维长空，那么案例则像散落的星辰，对案例的研究就是找出那些发亮的星星；如果说法治社会是一条大路，那么案例就是公民和法人长途跋涉的脚印，对案例的研究就是追寻指引前行的启迪；如果说法治社会是一台大戏，那么案例就是精彩纷呈的剧情，对案例的研究就是分享演职员们的智慧、欢乐与悲伤"。参见胡云腾：《案例是什么》，载《法律适用》2017 年第 6 期。

② ［美］卡尔·卢埃林：《荆棘丛：我们的法律与法学》，王绍喜译，中国民主法制出版社 2020 年版，第 216 页。

③ ［美］卡尔·卢埃林：《荆棘丛：我们的法律与法学》，王绍喜译，中国民主法制出版社 2020 年版，第 170 页。

才培训等重要领域改革创新，共同培育法学实践教育与司法实践创新的融合品牌。二要优化学术资源，推动高校与法院以共同研讨出版实务教材，丰富教学实践内容。配置好课题资源，双方可以共同申报国家级、省级重点课题，融合司法大数据与高校学术优势，进行科研创新突破。三要整合案例资源，基于案例指导的需要，共建特色化、类型化专题案例库，共同开展案例培育、研讨、宣传等活动。四是用好信息化资源。充分运用信息化、大数据及人工智能，开好在线课堂，做好法律知识管理的深度开发运用等。

结语

一百余年前，中国法律与法学教育近代化先驱沈家本曾在《法学盛衰说》中提出"法学之盛衰与政之治忽实息息相通"的著名论断和"庶几天下之士群知讨论，将人人有法学之思想，一法立而天下共守之"的热切期盼①，至今言犹在耳。党的二十大后，我国法学实践教育正站在更高起点，迎来更新契机。期待透过法学理论与司法实务之间的交流合作更加紧密、更具长效、更富实效，共同推进中国式法学实践教育之现代化。

---

① 李欣荣编：《中国近代思想家文库·沈家本卷》，中国人民大学出版社 2015 年版，第 389 页。

新文科背景下高校法学跨学科人才培养探析

李　勇　赵訢羽　邓陕峡①

摘　要："新文科"之所以"新"，就是要在"不忘本来、吸收外来、面向未来"中，不断开辟文科建设新境界。作为新时代中国特色社会主义教育强国发展的重要战略，新文科理念的提出，对法学人才培养既是及时诊脉与现实回应，也是对未来法学教育发展路径的筹谋布局。当法学人才培养面临失范现象逐渐凸显以致严重影响法学教育人才培养质量时，亟待完善与创新法学跨学科人才培养模式，建议通过顶层设计人才培养方案、重构法学教育评价体系、多元化实践教学体系构建、建立高水平法学实验室等路径，推动新文科背景下法学人才培养模式提质升级。

关键词：新文科；法学教育；跨学科；人才培养

---

①　作者简介：李勇，男，成都大学学校办公室助理研究员；赵訢羽，女，硕士研究生；邓陕峡，女，成都大学法学院教授，院长。

基金项目：成都大学人才培养质量和教学改革项目"从新型到一流：校城融合发展下城市型大学'一基三元，融创合一'育人模式探索"，项目编号：cdjgb2022191。

四川省2021—2023年高等教育人才培养质量和教改项目"新文科背景下'人工智能+法律'复合型人才培养模式改革与探索"，项目编号：JG2021-1084。

一、引言

2020 年 11 月教育部发布的以"创新发展和育人育才"为中心的《新文科建设宣言》中明确提出了要构建世界水平、中国特色的文科人才培养体系。教育部于 2021 年 3 月启动了新文科研究与改革项目立项工作，以贯彻全国教育大会的精神，契合新文科建设工作会议的要求。①

法学作为传统文科科目，面对此次全新要求，法学教育要强化创新驱动和人才培养，应当迎接挑战主动改变传统教育模式。高等教育的生命线便是创新，新时代的高等文科教育必定应当回应新文科教育的创新发展，推进新技术与人文学科的结合发展。② 法学教育的开展和高素质法学人才的培养为我国建设法治国家奠定了基础，而在培养法学人才过程中，面对新文科背景，应积极探索法学跨学科人才培养模式，培育高素质法学人才。

二、基础与起点：新文科建设理论的引入

（一）新文科的基本认知

新文科本是由一位西方学者提出，后经过我国特色化的解读并在实践应用中不断推行，具有了鲜明的中国特色。我国新文科建设的提出可以追寻到 2016 年。习近平总书记在哲学社会科学工作座谈会上提出了

---

① 参见刘超：《基于应用型人才培养的高校法学教育改革探索——评〈高校法学教育改革与法律人才培养模式研究〉》，载《教育发展研究》2022 年 9 期，第 85 页。
② 参见尹毅：《"新文科"建设的内在逻辑与推进路径》，载《教育评论》2021 年第 10期，第 48~52 页。

哲学社会科学工作者应当"立足中国特色社会主义伟大实践,加快构建中国特色哲学社会科学"。而哲学社会科学的具体内涵是,在新时代背景下对中国现实问题进行思考而产生的人文社会科学。

一方面,从概念解读来看,新文科与旧文科的不同之处在于,新文科能在一定程度上对"中国经验""中国材料"和"中国数据"进行包含、反映和展示。此外,新文科也不应当视作是对旧文科的革新,而应该是运用多种方式为传统文科赋能培养"跨学科"人才,以增强文科实践应用能力及学科影响力。[①] 另一方面,从具体理解来看,解读新文科的"新",应当将"新"理解为对各个方面,包括人文精神塑造、不同学科尤其是与文科之外学科的交叉融合、教育教学模式和学生学习方式的创新。新文科建设的核心是要突破传统文科的思维模式,要使文科科学教育方法从单一向加注技术方法转变,各专业分块分割向交叉融合转变。

(二)新文科建设要求学科交叉融合

文科职业的巨大变迁及应用实务的大力发展成了文科跨学科人才培养的重要驱动力量,实践中对文科跨学科人才的需求也不断推动着文科教育的变革。知识体系的重新整合和知识生产方式的巨大转变,使得人们对学科界限突破了传统认知,并对跨学科人才产生了前所未有的期待。[②] 但文科与其他学科的交叉融合存在交互有限、各学科间互动弱、互动学科门类少且集中某几个学科、未形成互动体系等问题,制约着法

[①] 参见王嘉、王利:《新文科视野下地方本科院校新闻学人才培养的路径》,载《教育理论与实践》2022 年第 30 期,第 23~26 页。

[②] 参见武西锋:《法学跨学科研究的中国之道》,载《学术论坛》2021 年第 3 期,第 44~56 页。

学学科与其他学科的纵深结合发展。①

现有的专业壁垒和学科分割，使得大学培养的传统文科人才已无法解决移动互联网时代衍生的各种问题。新文科建设的内在要求传统文科教育应当以一种全新的方式进行交叉式转变和升级，推动跨学科人才培养。至今，法学及各学科通常的交叉发展均以"跨学科"探索为主，但目前"跨学科"探索仅仅重在以不同学科的特殊视角综合解决问题，并未提出系统性的教育方法。目前的"跨学科"探究更大程度上在于教育研究设计理论框架的链接和整合，虽然加大了不同学科之间的互动，但各学科教育仍然以自我独立的方式运作，并未产生实质性的影响，简单的"跨学科"探究并不会带来不同学科教育融合的协同作用，各学科之间仍然存在不可跨越的藩篱。

（三）新文科建设对法学学科建设的指引

新文科视域下，法学教育的目标是培养能为人民、社会服务，能顺应时代与国际接轨，秉持中国特色社会主义法治理论，深入掌握习近平法治思想的卓越人才，这样的法学教育目标要求法学教育积极回应社会需求，培养全方位高素质的人才。② 具体来说，一是，发展法学交叉课程。尤其是当前人工智能、大数据、云计算等信息网络现代技术的发展日新月异，一方面是信息网络技术能够服务法学教育的发展，例如法学网络实验室的建立，另一方面是法学教育与信息网络结合能培养众多新型人才。二是，法学教育应不断探索新兴的法学科目，大多数现代法学院校更多培养的是传统意义上的民法、刑法、行政法等方向的人才，很

---

① 参见马璨婧、马吟秋：《新文科学科交叉融合的体系建设与路径探索》，载《南京社会科学》2022 年第 9 期，第 156~164 页。

② 参见田力男：《新文科背景下公安院校法学学科建设与展望——以法学与公安学科建设的耦合模式为例》，载《中国政法大学学报》2022 年第 4 期，第 42~51 页。

难回应自从党的十八大以来我国对国家安全法治短板问题的新要求。①例如，2020 年 10 月 17 日通过了的《中华人民共和国生物安全法》，是为了维护国家在生物安全领域的监管，而发布的基础性、综合性、系统性法律，其他学科的学习背景的重要性不断凸显出来。再如，2021 年 6 月 10 日由全国人大常委会通过了《中华人民共和国数据安全法》以维护国家信息安全。除此之外，社会不断发展之下必然对经济与金融、资源与能源等领域作出新的要求，法学教育只能不断突破传统的培养方式，才能更好地服务于社会的发展需求。三是，应加强法学人才实践培养。2018 年 9 月教育部、中央政法委发布的《关于坚持德法兼修实施卓越法治人才教育培养计划 2.0 意见》中提出了，法学教育实践性的重要性，并对法学实践学分作了一定要求。② 四是，新文科背景下，应改变传统法学实践教育。传统法学教育更多依赖案例教学方式的局限性不断凸显，法学教育实践不仅仅在于与司法实务等部门的合作，多领域实践才能更好地实现协同育人、全方位育人目标。

三、问题与困境：当前我国法学教育的现状

新时代背景下，我国经济转向了高质量发展阶段，推进法治中国建设必定需要高质量法学人才。而当前我国法学教育面临着教育目标存在分歧、教育及考核模式创新不足、教师挑战增大和交叉法学人才培养模式单一的困境，现行法学人才培养模式不能完全适应高素质发展要求，法学教育模式亟待转变。

---

① 参见黄彬、吴小勇：《新文科视域下的法学人才教育培养探析》，载《教育教学论坛》2022 年第 24 期，第 17~20 页。
② 确保法学实践环节累计学分（学时）不少于总数的 15%。

（一）法学教育目标存在分歧

"中国的法学教育如何进行目标设定、并为之选择有效的特定方式"一直是困扰中国法学教育界的重大问题。事实上的确如此，目前各学术界对法学教育的界定一直存在不清晰的问题，或将法学教育当成通识教育，或将法学教育作为职业教育，或将法学教育作为精英教育。① 此外，我国众多法科院校的法学教学培养方案和教学目标也各有不同。在中国依法治国背景下，人文社会科学高等教育目标是服务于不同时期政治、经济发展模式及目标和文化形态的。尽管各人文社会科学均有自己的专业特色和发展规律，但都应当服从于整体社会发展目标及背景。

由于中国的法治建设是围绕着依法治国总目标展开的，所以法律或者法学被赋予了一定程度的行政工具使用特色。另外，2001 年对中国司法考试的改革使得法律行业具有了行业准入要求，导致法学教育及学生学习目标不得不紧密结合法律考试内容，这也在一定程度上加重了法学教育的行政化，弱化了其法律性。

（二）教育及考核模式创新不足

一方面，教学方式存在滞后的情况。现在大量的法科学校注重理论教学，这本无可厚非，但实际情况下，大多数老师在课堂中依然采取教案模式集中授课形式，很少运用到现代科技手段增强教学内容的丰富性。这种教学模式的确能更全面地将教学知识传授给学生，但学生的学习效果及应用能力却无法得到保证。② 尤其是疫情之下，教师更难通过

---

① 参见梁晨、钱海峰：《论新文科背景下工程法学教育的困境与出路》，载《文化创新比较研究》2021 年第 32 期，第 75~78 页。

② 参见毋晓蕾：《互联网时代法学教育面临的挑战与应对策略》，载《兴义民族师范学院学报》2022 年第 1 期，第 88~92 页。

在线上课的方式将教学方法充分运用到实际教学中。教师教学方式的滞后也使得传统教学方式难以激发学生学习的兴趣和热情，同时现代技术手段的匮乏导致教学的覆盖面拓展受到限制。在如今现代信息网络和网络教育发展方兴未艾的背景下，更应当将现代科技手段，全方位、多角度地运用到法学教学之中。

另一方面，教学考核机制更新速度慢。学校对教师的考核机制对教师及学生都具有重大影响，因为教师考核机制一定程度上影响了教师对教学内容的侧重及教学方法的选择，也间接影响到学生学习的动力。目前，大多数学校均采取期末测试成绩与平时成绩相结合的考核方式。本科法学生的期末测试大多数仍通过试卷进行考察，而大多数大学生均认为只要在期末认真复习便能得到较高分数。这种考核方式仅仅考察了学生对理论知识的掌握程度，并未真正考量学生实际处理法律问题的能力。对将法律职业资格考试作为法学职业的门槛初衷是为考察法学人才对专业知识的掌握能力，但如果法学生都以考试为重点，便会逐渐使得法学教育重理论轻实践的情况发生。并且，现在互联网信息技术手段的确能大力推动教学资源的丰富性，数字化、智能化的教育资源可以广泛地运用到教师教学之中。传统法学教育僵化的考核模式，可能会抑制法学实践教学，也固化了教师的教学重点任务。

（三）多学科背景下教师挑战剧增

新文科背景下，教师被要求在重视学术研究的同时，还要培养跨学科学生的广泛知识体系和综合性实践能力，这无疑对法学教师的教学工作带来了巨大的挑战。正如前面所提到的那样，新文科建设要求不同学科之间实现整合和互动，鼓励各领域、各专业方向人才的交流与合作，甚至共同攻克某个复杂问题，分享各领域知识和方法。而且新文科建设目标下，法学人才培养的目标和课程体系将进行相应调整，也会推动着教师不断学习新的知识、接受新的教学理念、培养新的教学技术以适应新文科背景下法学教育的新形势。新文科建设下，法学教师要求具有更高程度的批判性思维，打破当前在理论和方法上存在的局限。

新文科背景下教师科研成果评价面临新挑战。新文科背景下教师的科研成果不仅仅包括传统意义上的学术论文或著作，也可以是基于理论研究基础之上而形成的具有应用型研究成果价值的教学文件、科普报告和资政报告等。并且，新文科应用研究成果的不断涌现也使得新型研究成果越来越受到重视。但这些新型研究成果由于受众可能存在不同、经济价值评价标准不一和产生的社会意义不一致，现行的评价指标和评价体系并不能很好地对这些新型研究成果进行评价。新文科背景下，老师被要求转变工作思路，为培育具有科学素质和创新能力的人才而付出，育人为本的理念也让教师应将其学术研究融入学生的全面培养方面。如果仅仅采用传统学术论文和著作等形式对教师进行科研考核评价，无法满足新文科背景下对教师的激励，新文科科研成果评价指标和体系的重构迫在眉睫。

（四）交叉法学人才培养薄弱

在传统观念中，应用型学科应当是理工科或医科等科目，而法学等文科科目则被认为是拘泥于理论知识而缺乏实践应用能力的学科。中国想要提升国际竞争力，不仅仅要增加理工科等方面的发展，也更应该关注文科人才培养。所以，新文科背景下，法学教育也应当使学生更多地关注社会实际，关注国家发展及社会热点问题，积极发挥新文科的社会应用价值。

目前高校对复合型法律人才的培养，通常包括这几种探索模式：一是辅修课程培养；二是双学位和第二学位培养；三是研究生研究方向培养；四是专业交叉模式培养。而不论哪种培养模式，现行法学教育最重要的教学工具和教学资源仍然是教学案例。然而，很多高校每年均利用同样的教学案例进行讲授，教学材料的滞后性很难使学生的法律素养得到真正的提高。教师首先应当关注社会热点问题及发展动向，不断更新教学材料，尤其是法学教学案例，在教学材料中体现学科交叉融合内容，且不断提高教学材料和案例的质量，才能真正利于学生形成系统性的知识结构，培养学生的全方面能力。

四、动因与价值：新文科背景下法学跨学科人才培养的必要性揭示

（一）契合国家一流专业"双万"计划精神

2018 年，教育部提出了高校要全面坚持"以本为本"，推进"四个回归"[①]，建设一流本科教育，全面提高人才培养水平。2019 年，教育部发布了《关于实施一流本科专业建设"双万计划"的通知》，预计在三年内完成一流本科专业点的建设。"双万计划"是国家在展开一流学科和一流高校的建设规划后提出的新的高等教育计划，目标就在于注重专业建设以培养一流专业人才。新文科建设项目和国家一流专业"双万"计划的精神是相契合的，实施"双万计划"的目标在于在三年内要完成 137 个左右国家的一流本科专业的任务，一流法学本科专业的建设同样离不开对法学教学的转变及对学生教育方式的创新发展。很多地方已经出台了相应的支撑文件，例如安徽省教育厅每年均会发布《本科专业结构及社会需求分析报告》，[②] 该报告中指出各高校应积极主动地为地方经济社会发展服务。再如 2021 年 4 月，江苏省教育厅也发布

---

① 四个回归，是指教育部建设高水平本科教育和人才培养质量提出的"回归常识、回归本分、回归初心、回归梦想"四个回归要求。

② 参见韩阳：《中国法学教育的目标困境及教育模式的重置》，载《学习与探索》2012 年第 4 期，第 108～110 页。

了《关于推进一流应用型本科高校建设的实施意见》，该报告中同样指出地方应当建立一批具有地方特色、服务地方的应用型学校及相应学科。① 国家一流专业"双万"计划的实施与新文科建设的目标吻合，均围绕着创新性人才的培养，尤其是文科专业更应当进行一定的变革，才能更具有竞争力。

（二）回应"二十大"报告提出着力造就拔尖创新人才要求

习近平总书记在"二十大"报告中提出"我们要坚持教育优先发展、科技自立自强、人才引领驱动，加快建设教育强国、人才强国，坚持为党育人、为国育才，全面提高人才自主培养质量，着力造就拔尖创新人才，聚天下英才而用之"。对拔尖创新人才的培养，2010 年审议通过的《国家中长期教育改革和发展规划纲要（2010—2020 年）》中明确提出过，"我国要创新人才培养模式，遵循教育规律和人才成长规律，深化教育教学改革，创新教育教学方法，探索多种培养方式，形成各类人才辈出、拔尖创新人才不断涌现的局面。"再如，在《中国教育现代化 2035》中也提出了，应当加强创新人才特别是拔尖创新人才的培养，提升一流人才培养与创新能力。

拔尖创新人才是要培养具有创新素养这种关键能力和必备品格的现代人才，目前已有许多高校进行了学校拔尖创新人才的选拔和培养。通过梳理发现，当前各学校拔尖创新人才培养的模式有了这些转变：一是在课程培养理念方面，学校教学不仅仅公平面向每一位学生，还注重培育卓越人才；二是在课程设置方面，注重探索满足个性化、差异化需求的个体性发展课程；三是在课程内容上，创设高挑战性学习内容，培养高能力人才；四是在课程考核方面，更加注重创新思维、批判性思维及

---

① 参见戴其文、蒙志明、姚莉、陈泽宇：《"双万计划"背景下一流本科专业创新型人才培养模式研究》，载《教育观察》2022 年第 28 期，第 1~4 页。

发现与解决问题能力的培养。①

　　培养拔尖创新人才能够替学校选拔一批优秀的学生，他们能更加如鱼得水般地根据自己的兴趣和学习偏好选择专业性更强、深度更广的课程，也为学生提供了各学科融合培养的途径。新文科背景下法学拔尖创新人才的培养一方面应当关注学生的个性化需求，采取多样化的学习方式和考核手段，充分满足他们的深度发展需求，转变人才培养模式。以扭转传统意义上的学习课程被固化，学生无法自主选择的情况。另一方面，为培养新文科法学综合人才，学校应当探索和开发更多的特色课程，结合高校的学术资源和优势，为学生提供占比更大的辅修课程，提供多选择性创新人才培养课程，采取更加灵活和高效的课程评价方式，为实现高校培养法学拔尖创新人才奠定基础。

五、观点与进路：完善新文科背景下法学跨学科人才培养

（一）顶层设计人才培养方案

　　新文科建设的目标便是要培养一批能弘扬中国文化、涵养家国情怀的新青年，新文科背景下法学跨学科人才培养更是为了培育服务国家，为社会建设发力的专业人才，新文科建设下法学人才应当是具有多方面应用能力的高素质人才。各地方高校为建设新文科背景下的法学教育，应该在人才培养体系上做调整。

　　一方面，可结合地方特色调整课程设置。高校应当做好课程设置的顶层设计，融合多学科知识搭建跨学科融培养平台，尤其可依托当地特色，寻找法学学科与其他学科的交叉点，探索新型培养模式。例如，同

---

① 参见张绪儒、董丽丽：《学校拔尖创新人才培育课程体系的建构》，载《现代教育》2022 年第 8 期，第 16~21 页。

济大学土木工程学院便做过一次创新，他们在 2014 年起便与法学院合作，开拓了"工程（土木）—法学复合人才培养模式创新试验区"，依托同济大学强势学科工程学，法学生成功实现了学科的融合发展。再如，长沙理工大学直接在专业设置中开设了一门新的方向，工程法学专业方向。且值得一提的是，长沙理工大学工程法学专业对学生的培养，不仅仅包括传统意义上的民法、刑法等，更是培育了包括工程管理法、工程刑法、国际工程合同与合同管理①等法学跨学科培养特色课程。依托地方优势特色，高校能更好更快地找准定位，探索出具有高度特色且重合度低的优势特色课程，法学跨学科人才的培养也应当重点关注这一点。②

另一方面，可构建法学教育培养新型学分体系。在 2018 年教育部便发布了《普通高校法学本科专业教学质量国家标准》，该标准中提出可采取"10+X"分类设置模式以取代传统意义上的十六门核心课程设置体系，这也为法学跨学科人才的培养提供了改善空间。高校能自主开设服务地方、培养特色人才的课程体系，学生在学分获得上可以更加灵活，能更多开设法学实践课程。在新文科建设背景下，新型法学人才培养可利用"10+X"分类设置模式，发展特色课程组合，展现地方高校特色。

（二）构建新型人才培养评价体系

新文科背景下，对法学跨学科人才培养的评价标准应当是对法治思维、人本思维、人文关怀和全球意识的考察。法学教育要在专业培养目

---

① 参见梁晨、钱海峰：《论新文科背景下工程法学教育的困境与出路》，载《文化创新比较研究》2021 年第 32 期，第 75~78 页。
② 参见詹晶：《新文科视野下教师科研评价的挑战与应对》，载《黑龙江教育（高教研究与评估）》2022 年第 9 期，第 42~44 页。

标、培养计划和方法等方面体现出培养具有人文性内涵的法律人才的目标。① 新文科背景下，法学人才培养评价体系在一定程度上决定着法学教育的发展方向，因为人才培养评价体系被认为是总指挥，指导着办学方向和培养方向。而目前，我国大多数法学院校对法学生的培养评价还停留在试卷考核、以成绩论高低的阶段，这一观念在法学本科生的培养上更是根深蒂固。而传统侧重成绩考核的方式已不再适用于新文科建设下法学跨学科人才培养的评价。

早在 2010 年 10 月中央印发的《深化新时代教育评价改革总体方案》中已提出"应坚决改变用分数给学生贴标签的做法，应创新德智体美劳过程性评价办法"。基于此，对新文科背景下法学跨学科人才培养评价体系应当具有这几个方面的考量：一是加大对法学生的实习实践应用能力的考察。对法学生实习实践的考察不仅仅限于其在传统法学实践基地的表现，应当鼓励法学生参与跨学科领域的专业实习，并在法学人才培养评价体系中有所体现。二是破除传统"以成绩论高低"的偏见。成绩的确能在一定程度上反映学生掌握理论知识的能力，但法学任课教师也应当注重平时上课时，对学生"道德—知识—实践"综合应用能力的考察，可采取加大问答互动环节占比或翻转课堂的形式培养学生的综合应用能力。三是鼓励学生进行创造性设计。目前已有许多高校重视对学生创新能力的培养，在新文科背景下，应当在法学院校继续开展更多支持和引导学生参与跨学科研究和应用的项目，例如帮助学生参与创新设计、项目方案构建、专利设计活动等，并在法学生人才培养评价上予以体现，以刺激法学生主动参与到跨学科人才的培养之中。

---

① 参见刘海芳：《法学教育中人文精神的培养——评〈法学教育的人文精神〉》，载《中国教育学刊》2022 年第 9 期，第 135 页。

（三）构建多元化实践教学体系

新文科建设的重要特点是复合性，学科之间的融合和跨学科培养下重要的仍然是实践应用。法学作为文科领域的重要学科，在一系列发展之后已经形成了丰富的发展模式。但现行社会下，法学生应用专业知识的领域已经远远不止于司法机关或律所等常规单位，法学教育应当进一步明确法学实践教育的重要性。为适应法学跨学科人才培养的实践教学需求，实习基地的多元化建设十分有必要。法学实习基地不能仅局限在法学传统教育理念上的法院、检察院和律所，而应该根据社会发展需求为学生创设信息技术、网络安全、企业管理、投资融资、证券期货、生物基因等实习场所，让学生在不同领域的实习过程中寻求更广泛、更深入的法学专业研究方向，为卓越人才培养创设更多可能。

除了法学实习基地的明确和范围的扩大，法学实践教学的重要性同样应得到明确。一方面，法学教育应当将明确、规范的实践教育环节纳入法学教育培养方案和课程设置。虽然目前大部分高校均有相应的实践学分，但各个学校对学生实习效果的把握却不尽相同。在学校及教师确保学生实践效果的基础上，还应当增大法学实践活动在法学教育中的占比。另一方面，应当进一步强化学校与实践单位的合作。法学生的实践单位不应该仅仅局限在法院、检察院和律所，新文科背景下，高校应当结合当地特色，根据当地特色和资源与更多类型的实务部门建立联系，搭建涉及面更广的实践教学平台和实习基地。

（四）建立高水平法学实验室

新文科建设背景下，法学人才的培养可以依靠信息网络的发展而使二者相得益彰。尤其是进入大数据的时代，法学教育应当做出回应，利用好互联网发展技术，创新教育培养方式方法。① 法学实验室的建立可打破传统思维局限，扩充法学教育的资源，更利于提高教育成效，实现教育成果。法学实验室的建立可以突破传统法学实验室所存在的时间和空间上的限制，能够实现不同法律资源的实时共享。新文科建设下的法学实验室并不是传统意义上的实训和模拟实验室，而应当是可以像理工科的实验室一样，通过数据库的扩充建立丰富的法学资源库和共享资源库。例如，中国政法大学的数据法治实验室就是符合新时代背景的法学实验室的典型代表。此外，我国司法体系也在不断注重智慧司法和智慧法院的建设，大数据时代下，法学教育和人才培养必将与数据资源进行更紧密的交织合作。在《教育部社会科学司 2020 年工作要点》中提出启动高校文科实验室建设和重点研究基地动态评估，而教育部公布的首批新文科实验室建设项目中，大部分均与数据相关。② 新文科建设下法学教育应当打破传统的思维局限，将法学实验室应用到法学教育中，大量新型功能的开发能更好地为法学教育服务，为法学教育模式的更新提供更多可能。

六、结语

理论与事实昭然，传统法学教育已渐渐不能满足现行社会发展及国家对法治人才的需求，新文科建设的提出，既为法学教育带来了转型升级的新契机，又为法学教育带来了新挑战。我国高等院校新文科建设正处于起步阶段，新文科背景下法学跨学科人才培养模式的探索有其内在的必要性和现实紧迫性。然而，各大院校在实践操作层面还面临着诸多

---

① 参见薛韵：《人工智能时代法学教育转型的研究》，载《武汉船舶职业技术学院学报》2021 年第 1 期，第 150~154 页。

② 参见曾彩霞、袁媛、杨宇：《法学实验室的建设：基于新文科和大数据的研究》，载《上海管理科学》2022 年第 4 期，第 120~125 页。

问题与挑战，比如：仍应继续推进教学体系的深化、教学内容的多样化、教学模式的新型化等方面的变革等。这些诸多实践难点，还有待我们以勇气和智慧进一步做出应对性研究和创新性设计。

从学科交叉到交叉学科：企业合规学科建设及人才培养路径探析

张云霄①

摘要： 近年来，随着我国涉案企业合规改革试点工作的深入推进，关于企业合规学科建设及人才培养的问题研究日益成为学术界关注的热点话题之一。当前，我国企业合规学科建设及人才培养所面临的主要背景包括：新的改革契机、新的标准体系及新的职业需求。通过对域外企业合规学科建设及人才培养的路径进行初步分析，结合我国高等教育的实际情况，我国企业合规学科建设及人才培养路径发展应遵循"渐进性原则"，尽快从学科交叉研究做起，实现管理学、法学、经济学等学科在企业合规研究方面的融合发展。在此基础上，从长远视角看，在交叉学科思维的指导下，我国企业合规学应定位为交叉学科下的一级学科，在学科建设及人才培养方面应当获得相对独立的空间和路径，形成鲜明的中国特色模式。

关键词： 企业合规；学科建设；人才培养；学科交叉；交叉学科

当前，我国涉案企业合规改革试点工作正在积极、深入、有序地推

---

① 作者简介：张云霄，男，西安电子科技大学经济与管理学院企业合规研究中心主任、特聘研究员、中国人民公安大学现代侦查技战法研究中心特聘研究员。

进之中。关于企业合规的一系列话题引起了学术界和实务界的热烈讨论。企业合规的实践需求须以企业合规理论的扎实建设为基本导向。而当前我国企业合规理论研究尚处于探索阶段,并未形成一套较为成熟的理论架构体系。因此,企业合规学科建设及人才培养问题便成为当前理论研究的焦点和重点之一。在我国语境下,企业合规学科建设及人才培养的具体范式须在充分借鉴域外经验的基础上,深刻根植于我国社会需求、高等教育等基本情况,逐步形成一套具有中国特色的企业合规话语体系和教育发展之路。

一、形势发展:我国企业合规学科建设及人才培养的主要背景

当前,我国企业合规学科建设及人才培养面临着难得的发展机遇,其所面临的主要背景包含以下三个层面的内容:新的改革契机、新的标准体系及新的职业需求。

(一)新的改革契机

早在 2006 年 10 月 20 日,中国银监会就发布了《商业银行合规风险管理指引》,这被视为我国规范合规管理实践开展的第一个规范性文件。之后,在较长的一段时间内,企业合规管理实践主要是在我国金融业领域内予以推进。2015 年 12 月 8 日,国资委正式发布《关于全面推进法治央企建设的意见》,明确提出,"到 2020 年,中央企业依法治理能力进一步增强,依法合规经营水平显著提升,依法规范管理能力不断强化,全员法治素质明显提高,企业法治文化更加浓厚,依法治企能力达到国际同行业先进水平,努力成为治理完善、经营合规、管理规范、守法诚信的法治央企。"紧接着,2016 年 4 月 18 日,国资委正式印发《关于在部分中央企业开展合规管理体系建设试点工作的通知》,决定

将中国石油、中国移动、东方电气、招商局集团、中国中铁五家企业列为合规管理体系建设试点单位。① 这一企业合规改革试点工作的开启标志着企业合规实践从金融业向全行业的逐步推开。经过几年的探索实践，企业合规管理成效逐步显现。从 2020 年开始，最高人民检察院意识到企业合规与检察工作的内在逻辑联系，开始主导和推动涉案企业合规改革试点工作，② 率先在上海浦东与金山、江苏张家港、山东郯城、广东深圳南山和宝安等六家基层检察机关开展企业合规改革第一期试点工作。2021 年 4 月 8 日，最高人民检察院下发《关于开展企业合规改革试点工作方案》，启动第二期企业合规改革试点工作，试点范围较第一期继续扩大，涉及北京、辽宁、上海、江苏、浙江、福建、山东、湖北、湖南、广东等十个省市。紧接着，最高人民检察院联合其他部门相继出台了《关于建立涉案企业合规第三方监督评估机制的指导意见（试行）》《〈关于建立涉案企业合规第三方监督评估机制的指导意见（试行）〉实施细则》《涉案企业合规第三方监督评估机制专业人员选任管理办法（试行）》以及《涉案企业合规建设、评估和审查办法》等一系列规范性指导文件。这也标志着我国企业合规改革试点步入新的发展阶段，以检察机关为代表的刑事司法力量开始介入企业合规改革中来，我国企业合规改革的内涵进一步丰富。总体而言，以检察力量为主导对企业合规改革的推进主要体现在两个方面：一是通过制定规范性文

---

① 这五家央企开展合规体系以及合规实践的共同特点主要包括：（1）集团总部和优先下属单位公司先行试点；（2）积极培育合规文化；（3）同步开展诚信合规体系与全面合规管理体系建设；（4）积极组建合规组织，大力培养合规管理队伍；（5）探索制定与实施合规管理制度与流程；（6）关注重点领域合规管理，将合规管理融入业务；（7）探索建立合规管理信息系统。

② 以检察力量为主导所实施的涉案企业合规改革有着特定的内涵表达，其主要是指检察机关对办理的涉企刑事案件，在依法作出不批准逮捕、不起诉决定或者根据认罪认罚从宽制度提出轻缓量刑建议等的同时，针对企业涉嫌具体犯罪，结合办案实际，督促涉案企业作出合规承诺并积极整改落实，促进企业合规守法经营，减少和预防企业犯罪，实现司法办案政治效果、法律效果和社会效果的有机统一。

件，将检察职能发挥与企业合规改革试点有机结合，来积极推动涉案企业合规改革的进程；二是通过发布关于企业合规改革试点工作中的典型案例，采取"以点带面""以案促改"的主要方式，来有序引导检察机关积极参与到企业合规改革工作中来。①

上述一系列新的关于企业合规改革的契机为我国企业合规理论研究提供新视角、新思路，为我国企业合规学科建设及人才培养之路提出诸多新要求、新动能，迫切需要尽快培养一大批复合型的企业合规人才参与到改革和发展中来。

（二）新的标准体系

从世界范围来看，企业合规已不是一个新鲜名词和事物。国际社会也一直在大力推动关于企业合规的规范化建设。以国际标准化组织（International Organization for Standardization，ISO）为例，从 2014 年开始，其相继制定了一系列规范化的国际标准文件，比如，2014 年发布的《合规管理体系指南》（ISO 19600：2014 Compliance Management Systems—Guidelines）、2016 年发布的《反贿赂管理体系》（ISO 37001 Anti-bribery Management Systems）、2017 年制定的《组织治理指南》（ISO37000 Guidancefor the Governance of Organizations）、2018 年制定的《举报管理系统指南》（ISO/FDIS 37002 Whistle blowing Management System—Guidelines）。2021 年 4 月，ISO 对《合规管理体系指南》进一步修订，发布了《合规管理体系要求及适用指南》（ISO 37001 Compliance Management Guidelines）。而在我国，2017 年 12 月国家质量监督检验检疫总局、中国国家标准化管理委员会发布了我国企业合规管理的国家标准［《合规管理体系指南》（GB/T 35770—2017）］。此外，我国广东省

---

① 参见张云霄等：《企业合规总论》，中国政法大学出版社 2022 年版，第 64-85 页。

深圳市于 2017 年率先出台反贿赂合规的地方标准——《反贿赂管理体系深圳标准》（深圳市市场监督管理局发布），该标准主要借鉴了 ISO《反贿赂管理体系》的基本理念和内容，其关键指标与核心要求与国际标准保持高度一致，既体现了国际要求，又突出地方特色，使得其标准更具针对性、实用性和可操作性。

上述一系列关于企业合规的国际标准和国内标准的制定与发布引领着企业合规工作不断朝着科学化、规范化的方向深入推进。这一主要背景也为我国企业合规学科建设和人才培养之路提供了鲜活而具体的实践素材。

（三）新的职业需求

在人类社会发展史上，一种或者一类新的职业出现，往往被视为国家经济发展、社会结构变革的重要标志之一。正是在国内与国外双重力量的积极引导与有力推进下，我国从事企业合规实践的人员不断增多，与之相应的特定职业群体也应运而生。2021 年 3 月 18 日，人力资源和社会保障部、国家市场监管总局和国家统计局联合发布 18 个新职业，其中明确"企业合规师"这一职业称谓。企业合规师被正式纳入《中华人民共和国职业分类大典》（以下简称《职业大典》）之中。[①]《职业大典》对"企业合规师"的定义表述为，"从事企业合规建设、管理和监督工作，使企业及企业内部成员行为符合法律法规、监管要求、行业规定和道德规范的人员。"企业合规师的主要工作包括：①制订企业

[①] 劳动和社会保障部、国家质量监督检验检疫总局、国家统计局于 1999 年联合编制《中华人民共和国职业分类大典》。由于我国经济社会的不断发展、社会职业构成发生的变化，该《职业大典》分别于 2010 年、2015 年、2021 年进行了修订。职业标准引导着职业教育、职业培训、鉴定考核、技能竞赛等活动，一个统一的、符合劳动力市场目标和企业发展目标的职业标准体系对国家职业技能开发事业的发展有着决定性的意义和影响。

合规管理战略规划和管理计划；②识别、评估合规风险与管理企业的合规义务；③制订并实施企业内部合规管理制度和流程；④开展企业合规咨询、合规调查，处理合规举报；⑤监控企业合规管理体系运行有效性，开展评价、审计、优化等工作；⑥处理与外部监管方、合作方相关的合规事务；⑦开展企业合规培训、合规考核、合规宣传及合规文化建设。从合规专业在职业实践涉及的技能来看，这些技能属性多元，各职能相互交叉、相互融合、相互渗透，企业合规师应当是具有专门知识的复合型人才。据《2021 年人才市场洞察及薪酬指南》提出，医药、医疗器械、工业互联网、金融科技等涉及社会利益、被重点监管的企业，对法务合规、财务合规、合规管理、风险管理类人才的需求高速增长。大型企业、上市公司或准上市公司对合规人才，尤其是高级合规人才加大了招聘力度。正如有观点指出，"大型企业在出海时，最关注的话题有四项。一是人才，二是合规，三是文化，四是品牌。可见对合规人才的培养在企业走出去过程中有着非常重要的作用。当前，很多企业通过内部流程制度、顶层架构设计、创立合规文化等方式帮助合规人才成长，从而令团队在完成业务时更好地遵循当地的法律法规，适应不断更新和迭代的合规规则"①。

因此，从这一角度来讲，我国企业合规的职业化进程要求我国高等教育须及时回应社会发展的现实需求，紧跟时代步伐，在企业合规学科建设和人才培养工作方面尽快予以有效实践。

二、比较借鉴：我国企业合规学科建设及人才培养的域外考察

企业合规理论的提出及其现代意义上的合规管理均起源于美国，企

---

① 参见钱颜：《加强合规人才培养 帮企业高质量发展》，载《中国贸易报》2021 年 11 月 25 日，第 6 版。

业合规专业也率先进入欧美国家高等院校教育体系。美国福特姆大学（Fordham University）是美国第一所设立企业合规专业学位的大学。此后，英国伦敦大学（University College London）、德国奥格斯堡大学（Universitat Augsburg）、德国洪堡-维亚德里纳管理学院（Humboldt-Viadrina School of Governance）、日本名城大学（Meijo University）、摩洛哥伊芙兰大学（Al Akhawayn University in Ifrane）、维也纳经济和工商管理大学（Vienna University of Economics and Business Administration）、匈牙利中欧大学（Central European University）以及埃及开罗大学经济与政治科学学院经济与金融研究中心（The Center for Economic and Financial Research and Studies of Economics and Political Science of Cairo University）等 40 多所大学也相继开设企业合规专业学位课程。①

（一）企业合规学位教育

在此，主要以美国福特姆大学为例，企业合规专业教育在该大学以不同方式进行。该大学既有法学学位企业合规专业方向的项目（LLM），也有非法学学位合规专业方向项目（MSL），二者均设立在福特姆大学法学院。

1. 法学学位企业合规专业方向的项目（LLM）

LLM 项目课程内容主要包括企业法务人员角色和定位、企业合规部门的职能、合规管理的要素、合规风险评估、美国反海外腐败法、全球行为准则要素、企业危机管理、延迟起诉与不起诉协议以及企业社会责任等方面。学生将学习基本的监管框架，特别是在银行和金融监管行业如何有效地应对新的、负责的监管要求，并在学习合规知识的同时，须接受作为一名合规专业人士所必需的技能培训。

---

① 参见周万里主编：《合规学高等教育及其课程设计》，法律出版社 2021 年版，第 6~7 页。

LLM 项目课程主要有校内和在线两种方式进行。在线课程主要包括"异步课程"（asynchronous）和"同步课程"（synchronous）。异步课程环节要求学生每周在自己可支配的时间内自由安排学习相关视频、讲座；然后参加每周指定时间的同步课程，与教授及不同国家的学生在虚拟教室同步讨论本周学习材料。其中，必须课（Required Courses）主要包括下列内容：①美国法律和法律机构简介（Introduction to US Law and Legal Institutions）；②法律文书写作和研究（Legal Writing and Research）；③企业合规简介（Introduction to Corporate Compliance）；④公司法（Corporationslaw）；⑤合规风险评估（Compliance Risk Assessment）；⑥建立有效的道德合规体系（Building Effective Ethics and Compliance Programs）。而选修课（Elective Courses）则主要包括以下内容：①反洗钱（Anti-Money Laundering）；②国际金融犯罪（International Financial Crime）；③危机管理（Crisis Management）；④投资管理规定（Investment Management Regulation）；⑤隐私与网络安全（Privacy & Cyber security）；⑥医疗合规（Healthcare Compliance）；⑦内部调查（Internal Investigations）；⑧人事雇佣法（Employment Law）；⑨人权合规（Human Rights Compliance）；⑩设计和实施反商业贿赂合规管理项目（Anti-Bribery & Corruption Compliance Programs-Design and Implementation）；⑪反垄断合规（Antitrust Compliance）；⑫新兴的合规管理工具（Emerging Technology Tools for Compliance Programs）。①

2. 非法学学位合规专业方向项目（MSL）

MSL 项目课程主要是为非法学学位但从事或者有志于从事企业合规管理的学生而设计。该课程要求学生需要学习与了解政府监管基本框架、企业合规部门所扮演的角色，并学习如何设计和实施企业合规管理

---

① 参见周万里主编：《合规学高等教育及其课程设计》，法律出版社 2021 年版，第 84~85 页。

体系、如何建立公司合规组织架构、如何建立和实施合规培训、如何设立适当的合规激励框架、如何实施强有力的合规调查、如何建立合规审计、监控和报告系统。

在上述课程中，除了合规基础课程、指定的必修课以外，供 LLM 和 MSL 学生选修的专项领域课程多达 200 多项，专业领域课程的讲师大部分由行业内具有实践经验的在职工作人员兼任。

该项目基础课程主要包括：①风险评估（Risk Assessment）；②反洗钱法（Anti-money Laundering Laws）；③反腐败法包括《美国反海外腐败法》（Anti-corruption Laws, including the Foreign Corrupt Practices Act）；④联邦证券法（Federal Securities Laws）；⑤危机管理（Crisis Management）；⑥培育合规文化（Building a Culture of Compliance）；⑦法律法规的了解（Understanding Statutes and Regulations）；⑧环境、社会、政府对企业合规管理的影响（The Impact of the Corporate Shift Emphasizing Environment, Social, and Government, ESG）。

其必修课程（Required Courses）则包括：①美国法律和法律机构（U. S. Law and Legal Institutions）；②全球企业合规（Global Corporate Compliance）；③合规风险评估（Compliance Risk Assessment）；④针对非法学博士学位的法律法规（Legislation and Regulation for Non-JD Students）；⑤国际金融犯罪或者反洗钱（International Financial Crime & Anti-Money Laundering）；⑥合规研讨：建立有效的道德合规体系（Compliance Seminar: Building Effective Ethics and Compliance Programs）；⑦课程研讨：建立有效的道德合规体系（Compliance Capstone: Building Effective Ethics and Compliance Programs）。

选修课（Elective Courses）主要包括信息安全合规、网络安全合规、人事合规、反洗钱及区块链等内容。对合规专项领域有兴趣深入学习的学生，经申请并经项目主管批准可进入不同专业领域课程班进行学习。

（二）企业合规非学位教育

除上述合规教学和人才培养模式之外，福特姆大学盖贝利商学院（Gabelli School of Business at Fordham University）还设有企业合规研究所，进行企业合规研究，提供中短期合规交流与培训。该大学商学院夏季合规学院（Summer Compliance Institute）提供为期一周的强化培训，其专注于企业合规文化、操守、行为和衡量标准研究。该项目培训内容主要包括金融服务公司有效合规职能的基础知识、合规官员的角色演变和综合技能，以及合规、风险、治理和其他防线之间的相互关系，还强调培育有效的合规文化，以及如何评估、衡量、报告并管理组织内不同层级的所有行为。该非学位教育项目的主要特色为高度互动性，其中包括讲座、角色扮演、情景模拟、案例研究等多种方式。参与人员有资深行业专家、学者、纽约联邦储备银行及美国金融业监管局和司法部的监管人员等。圆满完成该项目课程的学员可以获得由福特姆大学盖贝利商学院颁发的结业证书。

该项目交流研讨话题主要包括：①合规文化：是什么？为什么如此重要？（Compliance Culture：What is it and why is it so important?）②行为风险和监管预期（Conduct Risk and Regulatory Expectation）；③行为、认知和决策科学与合规和行为操守风险的关系（Behavioral, Cognitive, and Decision Sciences in relation to Compliance and Conduct Risk）；④你能衡量吗？衡量标准在评估合规文化中的作用（Can you measure that? The role of metrics in assessing Compliance Culture）；⑤不断变化的监管环境（The Evolving Regulatory Environment）；⑥大数据、指标和人工智能在合规管理中的应用（Big Data, Metrics and Artificial Intelligence applied to Compliance）；⑦风险管理（Risk Assessments）；⑧合规官技能

（Essential Skills for Compliance Officers）；⑨有效开发、实施和管理端到端合规计划（Effective Development，Implementation and Management of end-to-end Compliance Programs）；⑩有效的合规培训和培训需求分析的最佳实践（Best Practices for effective Compliance Training and Training Needs Analyses）；⑪测试、监测和监控系统的设计（Designing Testing，Monitoring and Surveillance）；⑫合规、风险、治理的"三位一体"（Alignment of Compliance，Risk and Governance）。①

企业合规专业课程在不同项目条件要求下对在校所有学生开放，有在校面授和在线远程教学两种方式，在线课程与校园面授具有同等学位修学要求，二者都可授予学位证书。

三、路径探索：我国企业合规学科建设及人才培养的发展规划

我国高等教育学科建设及人才培养既遵循了国际通行理念和标准，也充分体现了本土需求和特色所在。在新时代背景下，须从战略高度和长远角度来认真审视和思考我国企业合规学科建设及人才培养的发展规划，坚持近期规划与长远谋划相结合，结合新文科建设和交叉学科设立的基本原则和精神实质，从而走出一条具备中国特色话语体系的发展之路。

（一）学科交叉：合规学科建设及人才培养的近期规划

学科、专业与课程是学科学术建构体系的组织形式，在传统学科专业构建模式中，通常表现为多个课程支撑一个专业，多个专业支撑一个学科，各个专业的课程相对独立，互不相交。传统学科构建体系的优点

---

① 参见周万里主编：《合规学高等教育及其课程设计》，法律出版社 2021 年版，第85~86 页。

显而易见：首先，可以通过学科发展内涵来设置不同特征的专业；其次，各专业可以按照自己的培养方案来设计具体的课程；最后，如果学科内涵有所更新，只需要找到对应的具体课程进行修订即可，不会影响其他专业的建设。这种模式最大的好处就在于学科构建体系具有一定的稳定性与支撑力，单独更改某一门课程或专业并不会对整个学科产生较大的影响。然而，这种优点也正是该建构模式的缺陷所在，那就是各个专业之间的联系相对薄弱。此外，传统专业和学科的教学体系所依据的是单一学科的教学发展需要而建立起来的，且不断加以完善，然而，由于各个学科的资源有限，专业之间无法资源共享，教学资源相对分散，因此整体的教育质量也无法得到保障。纵观我国现有的学科门类，不仅文理学科界限分明，就连具有文科属性的学科之间也都处于"分门别户"的状态。从整体上看，专业以学科为依托，学科由专业所支撑，各学科之间理应存在交叉，然而，由于教学课程的设置问题及专业划分过细等问题，使得专业间的关联性不断弱化，进一步导致专业与学科之间缺乏必要的互动。因此，传统视角下的学科专业设置体系无法充分有效地做到学科与学科之间、专业与专业之间的有机融合，更谈不上所谓的优势互补。①

正是基于传统学科的结构性问题，"新文科"的概念被视为破解之道。教育部高教司司长吴岩在 2018 年教育部产学合作协同育人项目对接会上提出，我国要全面推进"四新"（新工科、新医科、新农科、新文科）学科建设，形成覆盖全部学科门类的具有中国特色、世界水平的一流本科专业群。其中，新文科作为国家高等教育发展战略的核心组成部分之一，其自身是一个系统化的理念、标准以及执行体系。新文科概念并非是对传统文科的否定。因为"文科"仍是其本质特征，也是

---

① 参见安丰存、王铭玉：《新文科建设的本质、地位及体系》，载《学术交流》2019 年第 11 期，第 11~12 页。

核心特征；而"新"则表明了今后文科建设的取向，主要是指在原有文科的基础上，重新定位文科的学科内涵以及文科人才培养目标，探索新的建设模式，以此适应时代的发展需求，满足国家的建设需求，供给社会的实际需求。[①]因此，新文科建设，关键取决于对"新"所承载的内涵的理解。正如有学者指出，"新文科是相对传统文科而言的，是以全球新科技革命、新经济发展、中国特色社会主义进入新时代为背景，突破传统文科的思维模式，以继承与创新、交叉与融合、协同与共享为主要发展建设途径，促进多学科交叉与深度融合，推动传统文科的更新升级，从学科导向转向以需求为导向，从专业分割转向交叉融合，从适应服务转向支撑引领"[①]。新文科建设要求对传统学科交叉进行改造和升级，它内在地要求一种新的、不同以往的学科交叉融合模式。这种新的交叉融合模式既作为一种视野、理念，又作为一种工具、策略，它在充分发挥人文科学和自然科学、人文科学之间内在逻辑关系的基础上进行联结渗透，以实现人文科学发展上的重大突破。[②]换言之，在新文科建设背景下，学科的综合性特征越来越突出，各学科之间的界限不再泾渭分明，各学科的交叉与融合成为一种"新常态"。

　　具体到当前我国企业合规的理念研究来讲，其主要问题集中表现在以下几个方面：其一，管理学、法学、经济学等学科关于企业合规的基础理论研究并未达成一致，对于涉及企业合规的主体、客体、对象、制度、措施等一些基本概念并没有统一、规范、完整的描述。其二，单纯就法学学科内部而言，对于涉案企业合规的相关理论问题也存在着所谓的"饭碗法学"现象，换言之，当前我国刑事诉讼法、刑法学、行政法学、经济法学、商法学等部门法学对涉案合规的研究是在各自学科内

---

① 参见吴爱华、杨秋波、郝杰：《以"新工科"建设引领高等教育创新变革》，载《高等工程教育研究》2019 年第 1 期，第 61 页。

② 马璨婧、马吟秋：《新文科学科交叉融合的体系建设与路径探索》，载《南京社会科学》2022 年第 9 期，第 156 页。

部封闭运行。比如，涉案企业合规的相关基础问题解答不仅仅需要刑事诉讼法学和刑法学的知识内容，而且需要经济法学、商法学的学科支撑，因为涉案企业合规整改工作必然涉及企业内部治理结构的改进和优化，这必然涉及《公司法》等相关具体内容。其三，我国当前企业合规理论研究与域外相比已经较为滞后，而且当前企业合规理论研究存在着"照搬照抄"的嫌疑，并未对我国企业运行中的实际问题予以认真研究，比如，我国国有企业的属性和定位决定了其与国外企业的运行存在着较大差异，这也决定了我国国有企业合规组织的设置和职能发挥必须尊重我国实际情况，尤其是纪检监察部门与合规部门的关系问题需要予以研究和阐明，而当前我国学术界对此方面的研究相对薄弱。

为此，笔者认为，当前迫切需要的是在新文科视野下，积极借鉴域外国家的有益经验，尽快开展一系列学科交叉研究，加强管理学、法学、经济学（包括金融学在内）等学科在企业合规理论研究方面的交流和对话，有效打通各学科之间关于企业合规理论研究的"知识壁垒"，以便在较为统一的学科话语体系和平台上实现良性互动。

（二）交叉学科：合规学科建设及人才培养的远期谋划

"交叉学科"作为正式学术话语是由美国哥伦比亚大学心理学家伍德沃斯（R. S. Wood worth）于1926年提出来的，其认为交叉学科涉及两个或两个以上学科的实践活动，超越一个已知学科的边界。2004年美国国家科学院发布的《促进交叉学科研究》政策报告中正式给出"交叉学科"概念，即交叉学科作为科学研究模式，吸纳两个及两个以上学科的概念、方法、信息、理论，创生新学科或者领域。[1]

我国有学者提出，交叉学科是指知识生产和知识分类体系发展到一

---

[1] 朱华伟：《我国高水平大学交叉学科建设与发展现状研究——基于46所研究生院调查分析》，载《中国高教研究》2022年第3期，第15~16页。

定历史时期，通过不同学科、学科领域之间的汇聚融合而重构知识和创新知识，继而形成的新的知识范畴和独立的学科体系。它是以解决重大问题为契机，以跨学科、超学科逻辑为行动模式，整合两门或者两门以上学科知识而形成的具有创新性的学科，具有独特的概念体系和基本方法。[1] 我国国务院学位委员会印发的《交叉学科设置与管理办法（试行）》（学位〔2021〕21 号）（以下简称《办法》）提出，"交叉学科是多个学科相互渗透、融合形成的新学科，具有不同于现有一级学科范畴的概念、理论和方法体系，已成为学科、知识发展的新领域。"该《办法》不仅从内在观念建制方面阐明了交叉学科成立所需具备的条件，也对交叉学科的外在组织建制加以规范限制，其要求编入学科目录的交叉学科应当具备以下条件：①稳定的师资队伍；②完善的课程体系与教材体系；③成熟的培养机制；④高水平的科研支撑；⑤健全的质量保障机制等。

交叉学科的建设和发展越来越引起世界各国学术界的高度重视。正如有学者指出，"交叉学科已经成为全球大学知识、技术、科学创新的新型组织载体，从古典意义上的单一、分门别类的学科知识区分，迈向综合、横断、交叉、集群学科融合，已经成为'后学院'与'大科学'时代不可逆发展趋势。交叉学科作为精神规训，其本身所内含的技术、规则、习俗，塑造了我们对世界的认知，提升个体解决复杂性问题的能力，深化我们对他人以及周遭环境的理解。"[2]

在此，需要强调的是，跨学科研究促进了学科交叉，然而学科交叉并不一定能发展成为一个交叉学科。只有当学科交叉不断发展壮大，最终演化成为一个新的研究领域，达到一门新学科所需要内在观念建制和

---

[1] 李欣欣、陈妍君、邢政权：《"交叉学科"门类设置的价值意蕴》，载《高教发展与评估》2022 年第 38 期，第 87~96 页。

[2] 朱华伟：《我国高水平大学交叉学科建设与发展现状研究——基于 46 所研究生院调查分析》，载《中国高教研究》2022 年第 3 期，第 15 页。

外在组织建制的相关标准，这样才会催生出一个交叉学科。此外，有些学科交叉并不具备很好的研究发展前景，这表明学科交叉是一个动态发展过程，跨学科研究、边缘学科以及交叉学科分别是学科交叉可能发展的诸项结果。可见，学科交叉是过程，交叉学科是结果，而学科交叉一般开始于跨学科的研究，当这一研究领域趋于成熟的时候，就会形成交叉学科。[①]

正是基于上述对交叉学科的认识和理解，笔者认为，企业合规学涉及的内容纷繁复杂，但彼此之间又存在着高度的逻辑管理性。企业合规学不单单是涉及社会科学知识内容，甚至与自然科学有着密切联系。比如，合规（Regulation）和科技（Technology）的融合为"合规科技"（Reg Tech）这一新的概念，其主要是指利用新兴技术（大数据、人工智能、区块链等技术）减少人为干预，帮助被监管者根据新旧监管规章和制度的规定，减低合规工作成本，从内部来科学、有效地约束企业经营管理。[②]

仅仅运用法学或者管理学的单一知识体系无法从根本上科学、完整地阐释企业合规学的基本理论。因为企业合规学有着自己的研究体系、研究思路、研究对象、研究内容及研究方法。比如，企业合规的客体包含合规义务和合规风险两个层面的内容，而非当前某些观点所认为的法律风险。因为合规风险与法律风险虽然有着共同之处，但两者在本质上为不同的概念。再比如，涉案企业合规改革所涉及的刑法学、刑事诉讼法学及犯罪学等方面的专业知识也超过了管理学研究的基本范畴。

---

① 参见李一希、方颖、刘宏伟、杨光富：《推动学科交叉建设一流学科的若干思考》，载《国家教育行政学院学报》2022年第12期，第26页；崔宝育、李金龙、张淑林：《交叉学科建设：内涵论析、实施困境与推进策略》，载《中国高等教育》，2022年第4期。

② 许闲等：《合规与监管科技》，中国金融出版社2021年版，第4-5页。

因此，笔者认为，长远视角下的企业合规学应当在更为成熟的学科交叉研究成果基础上，逐步发展成为我国交叉学科门类下的一级学科，以真正凸显出企业合规学自身所具备的重要学术理论价值和重大实践意义，为我国企业合规学的发展进步赢得更为广阔的发展空间。在一级学科之下，企业合规学科可分别设置合规管理、合规文化、合规法律、合规措施、合规监管、合规科技等诸多基本内容，还可以分别设置反商业贿赂合规、反垄断合规、知识产权保护合规、环境资源保护合规、数据安全合规、劳动用工合规等系列专项内容，从而进一步丰富和完善企业合规学学科的基本框架、概念内涵及体系内容等。

此外，交叉学科建设视野下的企业合规学在人才培养方面应注意几个方面的内容：一是注重知识体系综合化，即在企业合规学科专业人才的知识结构上应当突出对法学、管理学、经济学、犯罪学、社会学、心理学等多学科基础知识的掌握。二是注重基础技能实战化，即应当有针对性地通过实习课程、模拟课程等的设置，有效地加强对企业合规学科专业人才技能的培养，而非单纯的知识灌输，从而使得所培养的人才更加契合经济市场的实际需求。三是注重学术视野国际化，在企业合规学科的具体设置方面，应具备国际视野，密切关注涉及企业合规的国际标准和规则的变化，不断更新合规人才培养课程方案，同时增强我国的国际学术话语权。

教义法理学理论前沿在公安法治
教育中的应用

杨　申　张春阳　吴月秋①

摘要：法治思维培养是新时代公安法治教育的必然要求。教义法理学的产生与发展，特别是其理论前沿为新时代公安法治教育提供了富有价值的培养思路。一般法理论的中国化能够提供分析、厘清案件事实的理论体系；法律渊源与规范理论为认清与选择法律论证大前提提供了帮助；法律论证理论方法的学习有益于疑难案件的处理与解决。教义法理学如何在公安法治教育中展开，是具有实践价值的教育研究方向。

关键词：公安法治教育；法治思维培养；教义法理学

一、引言

在党的全面依法治国背景下，公安法治教育必然面临从单纯的法律常识学习转向具备基本法律问题解决能力的法治思维培养。这与我国经济发展、社会进步、执法条件日益复杂化的执法环境变革密不可分，也是党领导人民全面依法治国、提升社会治理能力、打造德才兼备法治人

---

① 作者简介：杨申，四川警察学院，理论法学教研室副主任，讲师；张春阳，四川警察学院副教授；吴月秋，四川警察学院副教授。

才的必然要求。近年来，法学理论发展迅速、成果丰硕，形成了一系列值得应用于执法实践的理论成果。典型如权利分析理论、法律渊源与法律规则识别理论、类比论证理论等具有分析意义和方法论价值的"教义法理学"理论原理，对实际案件处理中的抽丝剥茧分析案件事实、寻找合适的法律规则、在事实与法律之间建构合理的适用理由等方面具有很大的帮助。将上述理论前沿适时引入公安法治教育，有益于公安干警更清晰地分析、认识纷繁复杂的执法案件，尽可能地将社会纠纷解决在公安机关的管辖范围之内、司法系统介入之前，及时并公正、合理地梳理社会矛盾，捍卫和谐、美丽社会主义家园。

二、法治思维培养是新时代公安法治教育的必然要求

法治思维的培养，是公安机关在执法、司法活动中作为关键环节的必然要求。"徒法不足以自行"，法的生命力不仅在于制度条款，更在其实施与应用。公安机关作为拥有最广泛执法权的行政机关和司法的第一道防线，其对法律的实施效果直接关系到人民群众的切身利益，直接影响社会公众对法的运行能否体现公平正义的直观评价。典型如"于海明正当防卫案"，① 当地公安机关与检察机关有效配合，以"正当防卫成立，不负刑事责任"迅速结案，不仅避免了案件当事人可能遭受的长期刑事羁押，及因刑事羁押带来的一系列不公正的后果，而且有利于舆情的平息、避免了一系列因舆情产生的对司法公正的质疑，甚至弘扬了善良公民勇于同黑恶势力斗争的社会正义。而这一良性结果的产生，必须归功于当地公、检机关工作人员熟悉正当防卫的整体判断理论②等前沿理论学说，灵活运用法学方法解释"行凶"一词，并不再机

---

① 即"昆山反杀案"，检例第 47 号
② 张明楷：《刑法学（第五版）》，法律出版社，2016 年版。

械地采用传统"斗殴"理论等。

另一方面，法治思维的培养亦是新时代公安干警基本素养的必然要求。在公安警察设立之初的民国时代，内务、仪表整洁及纪律严明已是当年警察区别于古代胥吏而获得社会各界广泛认可的基本要求；① 而中华人民共和国成立后至改革开放初，镇压反革命、打击犯罪分子、维护社会稳定则作为人民公安的重要使命，受到了人民群众的欢迎。然而，随着时代的发展、社会的进步，改革开放以来的发展红利深刻促进了社会各方面的变革。"罪刑法定""无罪推定""国家尊重与保障人权"等现代法治基本原则逐步在法律条款中表述明确，"人民日益增长的美好生活需要"代替"朴实"的"物质文化需要"成为我国主要社会矛盾的更准确的表述，"对党忠诚、服务人民、执法公正、纪律严明"的时代使命则作为人民警察新时代的誓词被广为传颂。全面依法治国所"依"的绝不是古代"法不可知，威不可测"的"严刑峻法"，而是弘扬社会正义、契合"德润人心"、符合法学理论规律的新时代"良法"。法律虚无主义、法律工具主义、法律机械主义等传统人治社会中的法律思维方式亦不再为时代所倡导。新时代的公安法治人才必须要以新时代的法律思维为引领，才能真正为党"为人民谋幸福"的初心使命保驾护航。

更重要的是，习近平总书记关于执法与司法兼顾"力度"与"温度"的要求，② 实际上明确了公安干警法治思维的培养的紧迫性。"温度"不是徇私枉法、法外容情，"力度"与"温度"并存也显然不可能是古代人治社会的"恩威并施"。制定严苛法律规则外的开恩展现了管理者的宽宏，必将导致法的同等适用原则遭践踏、法的权威让位于管理者个人的权力，权高于法、人大于法，最终形成古代"人治"社会管

---

① 史谦德：《北京的人力车夫》，江苏人民出版社，2021年版。
② 中宣部：《习近平法治思想学习纲要》，人民出版社，2021年版。

理模式。这显然与党领导下的全面依法治国相违背。"力度"与"温度"并存的执法、司法要求，实际上为法律工作者提出了一个高质量解决法律问题的要求，即在法的尊严与统一性不受影响的前提下，综合运用法治思维与法学方法，弘扬社会正义，实现法律效果与社会效果的统一。这是全面依法治国"必须坚持为了人民、依靠人民"的具体体现，是对纯粹"机械执法"的反对，是对法治思维与社会治理智慧的综合运用提出的要求。

综上所述，为适应新时代全面依法治国的要求，公安法治人才的培养不能再囿于传统的法律条文阐述，而是要将法治思维与法学方法贯穿其中，培养适应公安工作的"法律职业"工作者。

三、教义法理学的理论基础与当代研究进路

传统公安"法制"教学模式往往囿于具体条文、制度的阐述，对制度背后法治精神内核的分析则不够充分。实际上传统法学、法理学的教学中亦存在理论冗余、实践性不足等问题。近年来法学与法理学理论演进脉络逐步澄清，为应用型法律人才的培养提供了有价值的思路，亦有益于公安法治教育理念的厘清。

古希腊哲学是法学理论的源头，其自然观念深远地影响了自然法的理念，而制定法应当不断向自然法学习的思想观念则奠定了后来法学倡导法律追求正义的基本理论进路，[①] 而决疑术、争点论等技术的形成与发展则直接影响了后来古罗马法学的产生。[②] 作为"教义学"的法学正式诞生于古罗马，其技术基础即源自对十二表法等成文化的习惯法的解

---

① 莫里森：《法理学》，武汉大学出版社，2011 年版。
② 舒国滢：《法学的知识谱系》，商务印书馆，2021 年版。

读。① 一定程度上可以认为，法学的本质就是法律的解释与适用。中世纪以来，对神学的解释技术传承了古罗马人所建构的法学基本方法，而注释法学派与评注法学派所延续的学说体系，则通过法、德等大陆法系国家的民法理论得以传承。事实上，私法理论体系的建构远远早于拿破仑逼迫下仓促而就的法国民法典，而德国民法理论的统一与流派论辩，反而为其民事法学理论体系的完善与民法典的最终完成奠定了坚实的基础。民法学者与法理学研究者在那个时代共同创造的从"法律行为"到"法律关系"的"一般法理论"，② 至今仍是法学理论中极具生命力的社会关系分析理论模型。

另一方面，从英美法律实践中不断总结形成的法律方法诸理论则潜移默化地影响了大陆法系法学理论的研究思路。约翰·奥斯丁为"法理学"圈定了实在法的研究范围，③ 而后哈特、拉兹、凯尔森进一步建构起以"法律规则"为基础分析认识法律条文的思维进路。霍菲尔德则在澄清英美法传统权利、义务概念的基础上，④ 建构了一套精确而有效的权利义务分析理论体系，为大陆法系传承了千年的法律关系理论模型注入了新的活力。边沁及密尔父子在功利主义理论的立场下思考法与社会管理的关系，再次拓宽了法的社会治理思路。而源自判例法的法律渊源辨识技术，最终形成对法概念与法效力关系的深入思考，⑤ 在一定程度上解答了"法律是什么"的千年之疑。

在自然法传统与分析实证主义的良法恶法之争外，20世纪以来兴起的法社会学与法人类学则从人与社会关系角度，为通过法律的社会控制指明了方向。在伟大导师卡尔·马克思揭示经济基础如何影响包括法

---

① 格罗索：《罗马法史》，中国政法大学出版社，2018年版。
② 雷磊：《法的一般理论及其在中国的发展》，载《中国法学》，2020（01）。
③ 约翰·奥斯丁：《法理学的范围》，商务印书馆，2008年版。
④ 霍菲尔德：《司法推理中应用的基本法律概念》，商务印书馆，2022年版。
⑤ 阿列克西：《法概念与法效力》，商务印书馆，2018年版。

律在内的上层建筑的基础上，马克斯·韦伯进一步系统阐释了经济与社会对法律的影响，其对"权力"的研究丰富了传统法学只知"权利"的理论盲点，将人与规则关系研究扩展至诸如卡里斯马等非正当性支配领域。① 福柯在此基础上甚至开始思考规则体系对人类灵魂甚至精神病人的影响。② 文化人类学则从习俗、传统、仪式、宗教等视角，揭示了人与法律规则以及法律之外规则的深刻关系。从非洲、美洲的原始部落，到东南亚、大洋洲的岛民传统，对特殊人群文化传统的关注直接启示了我国老一辈学者对乡土文化、差序格局的探索。从人情、面子之间的权力运作体系，到少数民族地区的特殊婚俗，我国当代社会学、人类学诸理论成果为现今法学理论的繁荣发展提供了宝贵的理论基础。

总结法学理论的千年发展源流，可以粗略将法学理论研究思路分为"法内之理"与"法外之理"两个维度。③ 以哲学、政治学、历史学、社会学、人类学等视角研究法律的各种理论学说，可以简称为"法外之理"。法外之理的研究方法往往可归属于社会科学，这些原理对认识法律、理解法律、分析法律规则的社会效果具有深远意义，是进行法学理论研究的重点。相较而言，对法律规则的具体解释、阐明法律规则内容的诸理论学说、法律规则之间的体系关系、解释运用法律的相关法律方法等内容，则可以概括为"法内之理"。法内之理包括了部门法学中绝大多数解释法律的理论学说，以及法理学中法律规范、法律渊源、一般法理论、法律方法论等相关内容，其学习研究方法则属于"教义学"的方法。在法理学中，属于法内之理的研究内容，就是本文所谓的"教义法理学"。

传统法学教育中的法内之理与法外之理实际上是混杂在一起的。如

---

① 马克斯·韦伯：《经济与社会》，三联出版社，2011年版。
② 米歇尔·福柯：《规训与惩罚》，三联出版社，2009年版。
③ 付子堂：《法之理在法外》，法律出版社，2007年版。

罪刑法定的内容、要求、具体表现等内容就属于法教义学，而罪刑法定原则对法治社会的意义与价值，则结合了法哲学与法政治学的内容，属于法外之理。这种法内之理与法外之理的结合，在以教义法学为核心的部门法体系中并无明显问题，但在两者势均力敌的法理学中就影响了理论脉络的呈现。传统法理学教学中的法律渊源、法律规范、一般法理论及法律方法论等内容属于法内之理，但法学综述、法治理论、法的价值、法与社会等内容，则属于典型的法外之理。更重要的是，传统法理学领域的法内之理研究理论体系陈旧，部分内容存在大量理论冗余，甚至部分内容由于历史原因，已同现今的部门法相脱节；理论研究在一定程度上为避开冗余陈旧的学说体系，只能选择法哲学、法社会学、法律思想史的法外之理的研究进路。法内之理与法外之理研究在法理学领域严重脱节，使很多人不知道法理学究竟应该研究什么，以至于在 21 世纪发出"法理学之死"的质疑。

值得庆幸的是，近年来随着理论研究的深入，法理学的法内之理部分成果丰硕，并逐步摆脱理论冗余，形成了一系列有益于司法、执法实践的学说体系。典型的如对法律行为①及一般法理论学说源流②的肃清，结合权利分析理论研究成果，③ 新的更具解释力的一般法理论正逐步形成；法渊源与法效力关系在结合英美法系研究成果的基础上，逐步形成具有解释力的正式渊源与认知渊源二分体系；法律论证、法律解释、法律续造等法律方法的研究日益深入，法理学在分析解决疑难案件领域的强大生命力正变得不容置疑。以一般法理论、渊源规范论、法学方法论为核心的教义法理学，实际上为法学理论提供了一套厘清案件事实、选取法律规范、论证法律适用的法律问题解决方案。

---

① 朱庆育：《民法总论》，北京大学出版社，2018 年版
② 雷磊：《法理论：历史形成、学科属性及其中国化》，载《法学研究》，2020（02）。
③ 王涌：《私权的分析与建构》，北京大学出版社，2016 年版。

四、教义法理学在公安法治思维培养领域之展开

（一）一般法理论与案件事实的厘清

一般法理论是 19 世纪以来法理学与私法理论共同开发出的法学理论体系，其主要内容包括法律行为、法律关系、权利义务关系等。由于传统的大陆法系法学理论以私法研究为中心，因而适用于私法的"一般"理论在当时便被冠以"一般"之名。20 世纪，耶利内克、耶塞克等学者将一般法理论引入公法，开发出以行政行为、行政法律关系为核心的公法理论体系，并沿用至今。[①] 一般法理论在公法与私法的广泛适用使其不负"一般"之名，但实际上包括凯尔森和苏联诸法学家在内的法律学者，并未解决以"权利"为核心的法律关系，对以"权力"为核心的公法解释力不足的核心理论问题。我国至今仍有学者强调"权利"与"权力"的二元划分体系。[②] 能够解决权利与权力之间兼容性问题的真正理论当属霍菲尔德的权利分析理论。霍菲尔德以请求权、自由权、权力与豁免权四种类型区别广义的权利，并以狭义的义务、无权干涉的义务、服从的义务及无决定权的义务相对应，真正建立了一套足以分析复杂法律关系的权利分析模型。然而这套理论因其缜密的逻辑关系及难以为大陆法系传统理解的表述习惯，在国内学界影响不大，直至近年来王涌教授的全面阐释，[③] 才为学界所真正认识。加之法律行为与民事法律行为之间的纠葛关系已为学界所澄清，综合大陆法系理论传统与英美法系分析方法的一般法理论研究体系正在我国法学理论中建立

① 雷磊：《法理论：历史形成、学科属性及其中国化》，载《法学研究》，2020（02）。
② 童之伟：《中文法学之"权力"源流考论》，载《清华法学》，2021。
③ 王涌：《私权的分析与建构》，北京大学出版社，2016 年版。

与完善。

一般法理论的应用价值在于对案件事实抽丝剥茧式的分析。法律通过调整人的行为影响社会关系，而法律关系作为人与人的关系，其将划归为权利与义务的关系。权利代表权利人的利益，对应义务人的特定行为，权利与义务作为同一事实在不同法律关系主体身上的体现，必然相互对应。据此，在纷繁复杂的社会关系中，一旦出现特定的利益获取、特定的请求能力、特定的自由范围则必然有权利的存在，进而就能够推导出对应权利的义务人是谁、义务内容是什么；而特定的给付行为、特定的利益损失、特定的责任承担则必然意味着义务的存在，以义务为起点，又能找到相应的权利人及其权利所存在的权限范围；将相互关联的权利义务关系进行汇总，复杂法律关系网络中人与人之间的权利义务关系网便能够被分析清楚；而法律关系中的权利义务关系一旦被分析清楚，相应的法律行为对特定权利义务的改变也将变得显而易见。质言之，一般法理论的应用价值在于为纷繁复杂的社会关系梳理清晰明了的权利义务关系网络，并明确在该关系系统中，谁获得了什么、谁做了什么、谁又应当怎么做。

（二）新法律渊源理论的规则分析价值

法律渊源理论是解决社会规范能否及如何在司法实践中获得法律效力的重要理论学说。法律渊源理论中的形式渊源学说经苏联法学教科书进入我国，在我国各部门法学理建设之初，产生了深远影响。形式渊源学说尽管在保证国家法权统一、法治体系一致性方面意义深远，但对那些虽不具备法律形式却实际上能够在社会实践中具备法律效力，甚至一定程度上超越法律效力的社会规范，欠缺解释力。据此，我国理论法学近年来通过比较研究英美法系法源学说与大陆法系特别是德国法哲学理论，逐渐倾向于以"法的效力"作为关键指标的"效力渊源"学说，并逐步发展出"正式渊源"与"非正式渊源"（或称认知渊源）的二元结构；① 法律渊源的二元区分为明确法律规则提供了更有效的基础。而精确分析特定社会规则所具有的社会实效及可能产生的"法律效力"，也就为准确适用正式法律渊源、恰当适用非正式渊源、明确法律论证大前提提供了有力的理论依据。

　　法律适用以法律规范的准确运用为前提基础。那么在复杂的法律规则体系中，哪些法律规则具有怎样的法律效力，能够怎样在司法和执法活动中得以适用，就是法律渊源与法律规范理论所关心的问题。我国一元多层的立法体制决定了规范性法律文件的效力差异，但实践中的问题更为复杂。如民法的渊源以人大的制定法为基础，认可民事司法必不可少的司法解释，并在"公序良俗"的前提下承认习惯的效力；刑法的渊源则以严格的罪刑法定为要求，认可刑法典及其司法解释，排除各种形式的地方立法或政府规章；行政法的渊源则强调法律、行政法规、地方性法规的多层次划分，并赋予政府规章以"参照"的效力。而"非正式渊源"理论则提供了虽然无法直接作为裁判依据，但却能够深刻影响裁判的其他社会规范，以发挥其作用的空间。如"严打"的特定政策、特定地区的彩礼返还习俗，甚至当事人之间已经生效的合同。非正式渊源能够依据正式渊源发生法律效力，而任何法律渊源发生效力的前提则是能够归纳出法律规范。

（三）法律论证方法与疑难案件的解决

　　近年来理论法学的另一重要理论成果就是法律论证方法理论的中国化。法律论证方法源于欧陆特别是德国法哲学理论体系，是运用法理学方法解决疑难案件的重要法学方法论。该方法认为法律规范是法律论证

---

　　① 雷磊：《法理学》，中国政法大学出版社，2018 年版。

的大前提，案件事实是法律论证的小前提，而在事实与法律之间寻找"相似"点，进行推理论证，并将总结性的法律规范应用于纷繁复杂的社会实践之中，则是该方法的意义所在。法律规范不可能穷尽所有社会事实，法律概念亦存在内涵与外延的范围区别，法律论证方法就是在法律概念的选择中，找到既符合法律文字要求，亦符合当事人利益诉求，同样适应社会正义基本需要的法律适用标准。该理论体系引入我国以来，受到了理论学者的广泛关注，基本完成了中国化。形成的一系列推理论证学说与裁判案例适用，亦是法学思维训练不可或缺的关键环节。

在公安法治思维教学中引入法律论证方法，实际上是对法治理性的培养。法治理性的基础是法律理性，法律理性对执法者而言是基于理性发现法律、运用法律的意识和能力。执法者要理性执法，前提是拥有法律理性——对法的本质所决定的法律精神的深刻认识，并且能够在此基础上敏锐地发现法律问题，在法律框架内解决问题，实现法律实效和社会实效的统一。

五、余论：教义法理学课程在公安法治思维培养体系中的设计理念

如前文所述，教义法理学的前沿理论内容对高质量的公安法治队伍建设价值非凡。本文囿于篇幅原因，仅对公安法治思维培养中教义法理学的展开教学方式简要探讨，明示课程开发与建设中的基本理念。

（一）适宜于公安执法、司法实际需要的理论体系与教学内容建构

传统法学专业的教学模式在一定程度上包含了法治思维的建构和法律方法的传授，但以法官或律师为假想职业的培养导向内容过于庞杂，并不完全符合公安法治人才的培养需求；另一方面，近年来法学基础理

论方面的学术前沿成果丰硕，形成了一系列能够有效分析和解决社会问题的理论体系，日益对法学传统教学内容形成冲击。如前文所述，结合理论前沿，以教义法理学为基础，着力打造一般法理论、渊源与规范理论、法律论证理论三个模块，有利于建构从厘清案件事实、明确法律适用、完善法律论证的法治思维。最后可在教学时间较为宽裕的情况下，适当地引入部分法外之理，为学员今后进一步自我提升、钻研法律问题提供一定的指引方向。

（二）问题导向教学模式的建构

传统法理学教学体系往往采用"总—分"的说明文逻辑，看似逻辑合理，但对本就内容相对晦涩的理论法学而言，总述部分极易显得过度抽象，分述部分又容易有失严谨；整体问题意识反而显得不明确，变成典型的教材式说明文体例。"说明文"的叙述体例，内容丰富但往往流于"泛泛而谈"，缺乏明确的问题意识，不能解答学员"为什么要学这些"的基本疑虑，也就无法调动学员学习的主动性，更难以培养学生主动思考的能力。法治思维的培养必须从问题意识的导向入手，以"提出问题—分析问题"的"学术论文"视角重构法学教学体系，培养学生积极发现问题、自主分析问题、妥善解决问题的"研究"能力。

总之，公安法治教育与法治思维培养的道路方向明确，但任重道远。教义法理学的引入在一定程度上提供了以往单独部门法学习无法提供的法律思维培养方法，但最终理论法学与部门法学的高度融合可能才是最值得倡导的公安法学学习方案。

专题三

03

产学研协同育人机制
改革研究

人工智能时代地方高校法学专业
实验教学改革探索

赵　亮　施　亚　代显华　邓陕峡①

摘要：加强学科交叉融合，推进新文科建设是高等教育文科发展必须面对的时代课题。人工智能的革新和发展促进了包括法学在内的各学科信息化转型，法学本科教育应以社会需求与未来发展为导向，回应法学知识结构的颠覆性改变，增强学生的社会适应性，注重学生综合素质和职业技能的培养和提升。通过"人工智能+法律"交叉学科实验创新平台建设，开发以学生为中心的分布式课程产品，构建学生能力动态测评体系，积极探索"法学+"学科专业一体化建设，实现法学实验教学成效的量化评估，从而进一步促进专创融合，推动学科交叉，深化产教协同，为地方高校服务区域经济发展和产业结构转型提供智力支持和人才输出。

关键词：人工智能；法学；学科交叉；实验教学

---

① 作者简介：赵亮，男，博士，讲师，成都大学法学院讲师，研究方向：诉讼法学、司法心理学；施亚，女，硕士，副研究员，成都大学财务处处长，研究方向：教育管理；代显华，女，硕士，研究员，成都大学期刊中心主任，研究方向：实践教学、教育管理、乡村教育；邓陕峡，女，博士，教授，成都大学法学院院长，研究方向：诉讼法学。
基金项目：教育部 2021 年第一批产学合作协同育人项目"地方高校法学专业创新创业教育改革探索"，项目编号：202101121048；四川省 2021—2023 年高等教育人才培养质量和教学改革项目"新文科背景下'人工智能+法律'复合型人才培养模式改革与探索"，项目编号：JG2021-1084。本文曾发表于《实验室研究与探索》2022 年第 5 期，第 234~237 页。

引言

近年来，随着信息网络技术的革新，大数据、云计算、区块链等在各个行业方兴未艾。加强学科交叉融合，推进新文科建设是高等教育文科发展必须面对的时代课题。法学专业作为创新发展的智识保障，法治作为调整社会关系的最后手段，其学科知识和实务技能具有综合性、复合性的特点。从全球发展趋势来看，人工智能与法学的结合日趋密切，一方面数字科技催生的网络犯罪、隐私保护及知识产权应用等诸多法律困境和伦理议题迫切需要立法和司法给予回应，相关法学研究将为技术的创新提供有力的制度保障；另一方面，社会治理现代化的要求促使法学与计算机科学、互联网技术深度融合，AI 法律机器人、法律大数据、区块链取证、智慧法庭等"人工智能+法律"衍生产品成为法治建设"智能化"的重要载体，法律的实践场景将发生根本性变革。科技的进步在丰富法学学科内涵、拓宽法学研究视阈的同时，也对法治人才的专业素养和应用能力提出了更高的要求。对于法学教育而言，这既是机遇，也是挑战。[1] 对此，法学教育的改革，一方面需要积极回应时代发展的客观需求，另一方面全国各高校也在不断寻找学科发展的新增量。[2] 尤其对地方高校而言，其法学本科教育应当以社会需求和未来发展为导向，将人才培养目标定位于增强学生的社会适应性，注重学生综

---

① 参见刘艳红：《人工智能法学的"时代三问"》，载《东方法学》2021 年第 5 期，第 32~42 页。

② 其中，特别是理工科院校的法学院，均积极促成法学与环境科学、计算机科学、交通运输等学科的交融，将法学知识作为其他学科发展的外围保障，将依法治国理念全面贯彻在生产生活及教学科研领域的各个面向。

合素质和职业技能的培养和提升，探索"法学+"的新文科建设思路。①
与此同时，由于传统的法律知识结构与技能已经无法满足新兴行业法治
化发展的实际需要，所以，相应的知识内容、载体和学习方式，都需要
做出调整，法学教育必然面临向实践主导模式的转型。

一、人工智能时代法学教育的应然转型

（一）法学教育要服务于国家治理体系和治理能力现代化

2017 年，国务院印发的《新一代人工智能发展规划》明确提出
"人工智能+法学"的学科专业教育融合，探索复合专业培养新模式，
以积极应对人工智能应用中产生的相关民事与刑事责任确认、隐私和产
权保护、信息安全利用等法律问题，促进人工智能法律法规和伦理制度
完善。随后，《法治中国建设规划（2020~2025 年）》进一步要求，全
面建设"智慧法治"，推进法治中国建设的数据化、网络化、智能化。
为此，教育部与中央政法委将"互联网+法学教育"纳入《关于坚持德
法兼修实施卓越法治人才教育培养计划 2.0 的意见》。在国家治理体系
和治理能力现代化建设中，需要充分发挥现代信息技术在法治国家、法
治政府、法治社会建设中的积极作用，以法学研究夯实信息技术发展的
制度基础，利用信息技术的革新不断推进全面依法治国。而法治人才的
培养和培育是最基本的保证，尤其是要培养具有交叉学科视野的新时代

---

① 参见薛维然：《我国应用型法律人才培养模式创新》，载《沈阳大学学报（社会科学
版）》2016 第 6 期，第 665~668 页；周江红：《智能司法的发展与法学教育的未
来》，载《中国大学教学》2019 年第 6 期，第 34~59 页。

法治人才，其综合素质和专业能力决定着"智慧法治"发展的进程和潜力。①

（二）法学教育要服务于法学知识结构的颠覆性改变

技术创新的颠覆化、经济发展的全球化、多元文化的融合化，使得法学与其他人文社科，乃至自然科学建立了密切的联系。在全世界范围内，法学交叉学科的研究和创新性人才培养日益兴起，主要表现在"知识结构与研究内容的跨学科交融、师资队伍的跨学科建设、学术成果的跨学科呈现、研究生培养的跨学科引导"。② 之所以出现这种现象，其根本原因在于法律作为调整社会关系的规则和手段，其内涵外延受到社会关系变迁和发展的影响。诸如金融科技、网络犯罪、知识产权等社会问题都不再是单独的实体法问题，而是结合了科学技术、商业模式、历史文化、大众心理等多学科的综合性理论问题。又如，智慧法庭、智能庭审、法律大数据研判等信息技术的应用，在程序法层面同样丰富了以"人"为主导的司法过程，在线开庭、远程提讯、网上质证等给传统法学带来了新的议题。但是，部门法历经多年的学科建设已经形成了较为完整的理论体系，基于此的传统法学教育难以在既有的知识架构内实现创新发展。③ 我国当前法学教育仍然依托主课堂教学，在人才培养方式的实践性、学科交叉的融合性等方面均有不足，长此以往将有碍法治人才社会适应性的养成。因此，法学教育的层次结构应当适应法学知

---

① 参见王禄生、王爽：《大数据与人工智能法学方向研究生人才培养模式探索——基于东南大学的"三元融合"教育实践》，载《法学教育研究》2021 第 2 期，第 77~89 页。

② 参见何启豪：《英美法律变迁对美国法学教育的影响——从〈英美契约法的变迁与发展〉谈起》，载《中国法学教育研究》2017 第 4 期，第 181-196 页。

③ 参见刘坤轮：《为什么法学教育是职业教育》，载《人民法治》2019 第 24 期，第 86~89 页。

识的结构性变化，并做出适应性调整。

（三）法学教育要服务于新兴法律行业的市场需求

中华人民共和国成立以来，我国的法学教育随同社会法治发展历经初创、停滞、恢复、发展直至平稳。法学教育的模式和内容在法教义学的影响下日益固化。但是，当前的法律服务市场面临低成本运营、全球化扩张的转型压力，法律科技公司层出不穷，司法体系的现代化、数字化重构悄然发生，人工智能引领司法已经形成了不可阻挡的改革之势。无论是司法机关，还是法律服务提供商，甚至是一些发达国家的法学院，都将技术开发作为法学未来发展的位点和契机。正如英国牛津大学理查德·萨斯坎德教授所言"法律世界已经到了天翻地覆的边缘"。[①]从内生动力来看，法学学生的录取规模在某种程度上已经超过了就业市场的容积，尤其受疫情影响的当下，行业"内卷"的驱动力短期内并不会停止，法学教育的未来必须考虑法律市场的发展趋势。所谓的"新兴法律行业"，就是指与社会发展同步，在社会分工深化的同时强调"打破圈子、跨界融合"，从而形成以网络法学、数字法学、计算法学等为典型代表的"法学+"专业区划。其中，法学人才深嵌于社会经济对于法律治理的规范性和正当性的双重现实需求之中，应是既精通法律知识，又能深度融入复杂社会经济体系机理的复合型人才。[②]因此，法学研究与法学教育需要从"以学科为主导到以问题为主导、从规范法学到实证法学、从基础法学到临床法学"三个方面，实现"应用型"

[①] 参见理查德·萨斯坎德：《法律人的明天会怎样？——法律职业的未来》，何广越，北京大学出版社 2019 年版，第 1~32 页。

[②] 参见王轶、申卫星、龙卫球、李寿平、黄锡生、刘俊、屈茂辉、陈柏峰、丁卫：《"新时代复合型法治人才的培养"大家谈（笔谈）》，载《西北工业大学学报（社会科学版）》2022 第 2 期，第 106~123 页。

法律人才培养的转型。①

二、地方高校法学实验教学存在的问题

(一) 以产业需求为导向的交叉学科实验平台搭建不足

致力于培养应用型、复合型、创新型卓越法治人才，是地方高校法学院为区域经济发展在人才培养层面的基本职能和角色定位。加强以产业需求为导向的学科平台建设，有效对接课堂教学与产业集群，促进教学成果与产业发展步调一致、协同共进是地方高校学科一体化建设的主要着力点。② 但是，目前国内地方高校服务区域经济发展和产业结构转型的具体路径仍需要探索。法学专业的知识架构及就业去向决定了其与传统工业制造业、金融服务业和互联网技术等高精尖行业的产业需求和用人要求不相匹配，进一步弱化了地方高校法学院的社会公用性，使得学科建设与产业发展长期以来存在一定的脱节现象。当前突出的问题是，学科交叉融合、产业跨界发展对法治人才提出了"通识全才"的基本要求，然而立足于解决产业、行业发展中的具体问题，并作为常态化运行的学科交叉实验平台建设明显不足，既无法满足产学研的协同与集成化，也无法输出符合产业需要的法治人才。

(二) 以能力提升为重点的交叉学科实验课程开发不足

我国自本科阶段起即设立法学教学，学生没有其他专业的教育背景

---

① 参见申卫星：《时代发展呼唤"临床法学"——兼谈中国法学教育的三大转变》，载《比较法研究》2008 第 3 期，第 121~129 页。

② 参见靳占忠、王平：《以产业需求为导向 推进地方高校学科生态建设》，载《中国高校科技与产业化》2010 第 5 期，第 26~27 页。

和工作经历，直到研究生阶段才区分以应用为主的法律硕士和以科研为主的法学硕士。即使如此，绝大多数地方高校法学院受限于师资、生源和平台，研究生阶段的培养方案和教学大纲设计仍然未做明显的实质性区分，并且对于其他专业知识的引入不足。虽然自 2000 年以来，在借鉴美国的诊所式法律教育（Clinical Legal Education）的基础上，我国部分高校开始探索建设《法律诊所》课程，以期通过专题讲座、模拟法庭、法律援助、庭审技巧实训等课程内容的教授，帮助学生理解现实的社会关系、法律应用技巧以及法律之外的商业逻辑、交易模式，弥补当前法学本科教育理论与实践脱节的不足。可以说，这种尝试在一定程度上推动了法学教育方式的改革和创新，带动了一批理论性较强的课程开展了翻转课堂、实验实训（专业实习），并取得初步成效。但是，当前仍然存在如下问题：一是应用导向的教学内容过于零散，学科融合不足，尚未形成培养学生全方位实务能力的课程体系；二是课时和课程容量有限，学生无法通过短期的实习和短期课堂内容真正了解行业及其运行规则，掌握"办案"的能力；三是课程资源的不足，缺乏实践课程需要的实践场景、实务案例和硬软件条件，学生有效参与获得实践职业能力的提升有限。即使通过专业实习、指导学生办理法律援助案件等方式可以缓解部分"供需矛盾"，但是资源匮乏仍然是最主要的问题。此外，具有交叉学科背景或经验的师资不足也是阻碍以能力提升为导向的交叉学科实验课程开发的原因之一。

（三）以创新创业教育为特色的教学成果产出不足

国务院办公厅先后印发《关于深化高等学校创新创业教育改革的实施意见》《关于推动创新创业高质量发展打造"双创"升级版的意见》，教育部、国家发展改革委、财政部也在 2022 年下发《关于引导部分地方普通本科高校向应用型转变的指导意见》，要求应用型本科院校围绕创新驱动发展，推动办学思路向产教融合、校企合作转向，培养应用型技术技能型人才，服务地方经济发展。但是，传统法学教育将培养合格的法官、检察官、律师等作为人才培养的中心目标，培养方案及教学计划的设计围绕法学专业化、职业化展开，鲜有针对法科学生开设的创新创业课程体系，创新创业理念融贯于法学教学的路径还未形成。不仅如此，现有的创新创业教育的教学内容和知识架构也更加侧重于创业理念的普及和商业模式的建构等产业内容。虽然教育部教学大纲涵盖了创业风险的相关知识要点，但其内容的广度和深度远远不足，主要强调了创新创业的商业风险，法律风险被严重忽视。一方面，在绝大部分高校创新创业教育师资队伍中，具有法学教育背景的师资缺乏；另一方面，源于依法创业、合规经营的理念还没有完全渗入创新创业实践。因此，需要结合"大众创业，万众创新"的社会发展需要，创新发展以创新创业教育为导向的法学教学新模式，并在此基础上产出、孵化各类专业教材、配套资料以及各级精品课程和产教融合项目。

三、地方高校法学实验教学改革探索

目前法学专业的学科平台建设主要包括四类：一是实验室平台建设，如模拟法庭；二是交叉学科平台建设，如人工智能法学实验平台、数字法学创新平台；三是服务于科研产出和社会服务的社科平台，如各省、市级哲学社会科学研究基地；四是与产业企业合作共建的项目平台。这些平台在育人、资政、促产方面均发挥积极作用，但仍然存在如下问题：一是平台理论成果产出不足，学术影响力有待提升；二是平台发展水平差异化，优化整合有所欠缺；三是平台产教融合不足，学生培养深度不够。

对此，我们认为，地方高校法学实验教学改革应当坚持三个基本导

向：一是要站位高远，服务发展，坚持以习近平法治思想为统领，紧紧围绕新时代全面依法治国的政治任务，以研究、解决地方及学校发展的重大规划、重点改革、重要举措、重点问题为导向，形成科研平台的产、教、学、研、用一体化建设的多元协同育人机制，将法治人才培养置于社会需要的框架下；二是要把握前沿，注重实践，积极回应社会发展的新要求，开展针对性、实操性的课堂教学，为地方经济发展和法治建设储备应用型人才；三是要整合资源，协同育人，通过构建政府部门、司法机关、社会机构联动的育人机制，选聘校外实务导师，合作共建实训基地，合开司法实务课程，将理论教学与实践教学有机融合，形成以实验实训、社会实践、专业实习为主，调研调查、社会公益为辅的人才培养模式，全面提升应用型、复合型法治人才培养质量。①

成都大学法学院围绕学校建设特色鲜明、国内一流应用型城市大学的办学定位及法学国家级一流本科专业建设的任务要求，秉持"校城融合"理念，聚焦人工智能法学等新兴专业领域，深化"法学+"学科专业一体化建设，在借鉴兄弟院校的有益尝试的基础上，从教学理念、教学理论、教学内容、教学路径多个方面进行探索。

（一）以学科、领域复合为方向，深化产教融合，服务产业需求

法学专业深化产教融合的必要性兼具了主动性和被动性两个方面的特征。首先，法学教育需要适应产业发展需要，主动深化产业融合。即全面依法治国的应有之意和时代内涵包括产业的转型升级需要在法治的框架下逐步推进，法学教育和法学研究应当聚焦于产业发展的问题解决和相关法治人才储备，才有望应对人工智能时代对法律人提出的新要

---

① 中共中央办公厅、国务院办公厅印发的《关于加强新时代法学教育和法学理论研究的意见》明确提出，要坚持围绕中心、服务大局，把法学教育和法学理论研究放在党和国家工作大局中谋划和推进，法治工作部门要加大对法学院校支持力度，积极提供优质实践教学资源，做好法律职业和法学教育之间的有机衔接。

求。被动性则体现在人工智能介入司法程序和法律业务的界限、方式和规则等被不断突破和创新，对既有法律职业共同体的架构已经造成结构性影响，甚至在未来不久，司法业态和法律服务业生态也将变革。如果法学教育不做出符合市场需求和产业需要的适应性调整，法治人才可能面临边缘化的处境。①

因此，结合国家关于推动创新创业高质量发展的指导要求，对接成都现代产业体系发展的需要，借助智慧法治建设的契机，成都大学法学院充分发挥地方高校在服务区域经济发展需求方面的优势，与国内领先的法律互联网企业华律集团开展产教融合协同育人深度合作，在实验课程联合开发、交叉学科实验平台共建、双创师资联合培育等方面开展深度合作。

（二）以学科、专业交叉为基础，构建以知识应用为落点的教育教学体系

法学专业作为创新发展的智识保障，法治作为调整社会关系的最后手段，其学科知识和实务技能具有综合性、复合性的特点。法律的理解和适用必须建立在理解所在行业、了解相关技术、熟悉交易模式的基础之上。因此，坚持"法学+"的一体化学科专业建设思路，实现学科知识的不断融合，学科领域走向多学科交叉、跨学科、超学科，是法学教育改革的理性回归。②

成都大学法学院基于本杰明·布鲁姆"教学三维目标"，立足专业教育与创新创业教育相融合的协同育人理念，围绕人工智能和创新创业对新时期法治人才的法律职业素养、法学知识储备、法律适用能力、大

---

① 参见赵艳红：《人工智能背景下法学高等教育的改革》，载《北京航空航天大学学报（社会科学版）》2020 第 5 期，第 153~160 页。

② 参见刘献君：《学科交叉是建设世界一流学科的重要途径》，载《高校教育管理》2020 年第 1 期，第 1~7，28 页。

数据思维能力、计算思维能力等综合素质的要求，搭建"互联网+法律"交叉学科实验创新平台，让学生不出校门，即可参与人工智能的法学专业实践。学生借助实验平台，开展法律知识图谱制作及互联网法律咨询援助、法律咨询案例校准等工作，了解互联网法律行业，提升法律应用能力，探索、孵化创新创业项目，实现法学专业教育与创新创业教育的"专创融合"。

（三）以产业发展需求为引导，建成以学生参与为中心的分布式课程体系和课程产品

正所谓"法律的生命不在于逻辑，而在于经验。"法学专业的实践性要求法学教育要将理论与实践相结合，"人工智能+法律"的师资队伍建设应当以"双师型"为导向，在扩大人才引进增量的同时，培养、培育现有师资高质量转型，激发教师的主观能动性，开发线上线下混合型、翻转课堂等系列课程（如图1所示）。

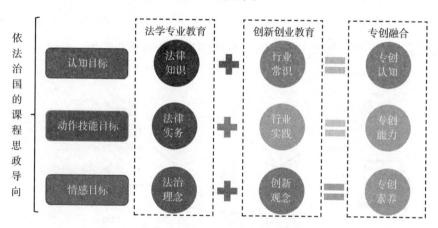

图1　学科交叉的实验教学目标

关于"双师型"教师的理解，既要立足于成都大学地方高校的办学定位，参照《国家职业教育改革实施方案》《深化新时代职业教育"双师型"教师队伍建设改革实施方案》，培养培育一批具有双职称、

双素质的高水平法学教师，还要结合教育部"双创教师"队伍建设规划，引导教师强化创新能力，参与产教融合，夯实高校创新创业教育主阵地。

目前，成都大学法学院在职教师双师型比例超过70%，构建了以学生为中心的分布式课程产品，并在校企合作的基础上开发了《法律大数据检索与应用》《人工智能法律应用》两门交叉学科实验教学课程。课程取代传统法学教育的"满堂灌"的讲授，以满足学生开展个性化社区学习（即"人工智能+法律"实验教学）的必备知识和技能为教学内容：主课堂教学通过课堂任务、教学游戏完成协作式学习，学生开展对人工智能法学知识的自主式探究学习；第二课堂以"互联网+"创新创业大赛及学科竞赛为主导，充分利用与华律集团共建的"互联网+法学"交叉学科实验创新平台打造个性化学习社区，促进学生在真实交易环境中提升综合素质，促进理论与实践的融合；在课程资源配套方面，学生可以通过中国大学 MOOC 进行自主学习，同时课程也邀请创新创业实务专家开设主题讲座、专项辅导，拓宽学生视野，给予学生启发（如图2所示）。

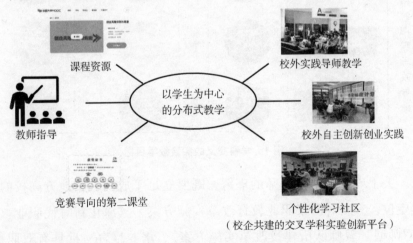

图2　双师队伍开发的"以学生为中心的分布式"课程产品

（四）以资质和技能评价标准为导向，构建对接就业、服务产业的教育教学路径

当前法学专业就业率持续走低，其中不乏与社会经济环境、供求关系等宏观因素和毕业生深造、职业规划的个体因素相关，但是法学教育的质量仍然是决定法学学生就业能力的决定性因素。究其原因，是法学教育的改革没有以学生能力提升的结果导向和评价质效相衔接，改革的实施存在"粗放化"倾向。[①] 因此，成都大学法学院设计了学生能力动态测评体系，全流程评估学生在参与"互联网+法律"交叉学科实验中的能力提升情况，并依据反馈数据优化平台设置。

能力动态测评体系主要以问卷形式开展，在学生参与实验室工作前期、中期、后期，分别填写问卷，以了解、评估学生的适宜性和能力变化。问卷内容涉及基本信息、职业规划、能力素养、项目过程性评价、工作满意度评价五个板块。通过学生进入项目的全流程反馈，以评估项目在人才培养方面的实效。

同时，成都大学法学院还积极探索基于大数据和人工智能的教学效果反馈机制。学生参与实验平台的工作，后台会对学生的操作习惯、法律知识盲区、法律适用弱点及易错点等进行数据分析和反馈，不断促使学生和教师"自省"，进一步提升教学效果，同时也可以建立完善的教学信息资源库，实现培养方案、模式、内容的全面优化。[②] 可以说，通过以学生为中心的分布式课程产品，结合学生能力的动态评估体系，有效实现了"教育过程""教育场景""教育评价"的全方位贯通，赋予

---

① 参见杜健荣：《论法学本科教育教学中的粗放化问题及其解决——以应用型法律人才培养为出发点》，载《中国法学教育研究》2018 第 4 期，第 43~57 页。

② 参见姚万勤：《基于大数据的人工智能运用于法学教育研究——以价值证成与模式建构为视角》，载《人工智能法学研究》2018 年第 2 期，99~162 页。

法学实验教学在地方应用型本科高校新的内涵，学生的核心专业能力、跨专业知识迁移能力、资源管理与应用能力、行业分析和判断能力、专业忠诚度和职业满足感显著提升。①

四、结语

互联网技术的革新和发展促进了包括法学在内的各学科信息化转型，对法学教育提出了更高的要求。法学的实践教学不是对法学基础理论的延伸和简单的应用，而是引导学生将抽象法学概念转化为解决法律问题的具体能力，进而实现法学知识体系的建构。② 当前法学教学还未完全脱离法教义学的传统模式建成以应用型为导向的实践教学模式，人工智能时代的来临迫使法学教育意识到法学专业培养的不是"专才"，而是具有多学科背景的应用型复合人才。"人工智能+法律"的法学实验教学探索和尝试，仅仅只是"法学+"学科专业一体化建设的起点，未来的法学教育将继续以产业需求为导向，贯穿专创融合的理念，真正成为服务于区域经济发展的"实学"。

---

① 参见陈烈、汤永洁、代显华、刘巧玲、唐毅谦：《地方应用型本科院校"一体三贯通"创新创业教育模式的理论旨趣与实践成效》，载《教育与教学研究》2022 年第 7 期，第 88~102 页。

② 参见申天恩：《卓越法律人才实践教学体系建构探析》，载《法学教育研究》2015 年第 1 期，第 197~205 页。

法律硕士校外导师制度建设的
困境与出路

郑自飞①

摘要： 当前法律硕士教育制度以培养专门型、应用型、复合型法律人才为目标，决定了其教学模式必须将法学理论教学和法律实践教学相融合，充分发挥校外导师的实践教学功效。但是，当前校外导师制度建设运行存在选任、管理、考核机制不健全，校外导师参与过程性培养不足等问题，严重制约了法律硕士的培养效果。为达成法律硕士的培养目标，应当从校外导师的选任、管理、考核等方面完善制度规范，结合法律硕士实践性课程设置等微观环节，强化校外导师对法律硕士的过程性培养水平，多措并举充分保障和发挥校外导师在人才培养层面的互动整合功能。

关键词： 法律硕士；校外导师；现实困境；优化路径

---

① 作者简介：郑自飞（1992-），男，湖北十堰人，成都大学法学院讲师，法学博士。
基金项目：成都大学 2022 年度党建研究课题"习近平法治思想引领下的高校基层党建品牌建设路径探索"。

一、校外导师制度与法律硕士培养的互动关联性

"一国法律教育的得失，有关于国家法治的前途"。① 自改革开放以来，我国的法学教育经历了恢复重建与改革发展的历程，形成了中国特色法学教育模式，培养了大量的法律人才，为我国法治建设做出了突出贡献。其中，法律硕士教育是拓展国家法治人才培养模式和提升国家法治人才培养水平的可靠途径，是法学教育体系中最引人注目的一种新兴教育模式，它成功与否影响甚为深远。② 由于法律硕士教育高度重视和强调法律实践教学，因而法律硕士教育高度依赖于其指导教师制度建设，尤其是校外导师制度建设。

一方面，法律硕士培养目标的达成依赖于法律硕士校外导师制度建设。根据教育部最新《法律硕士专业学位研究生指导性培养方案》（以下简称《培养方案》）要求，法律硕士教育旨在培养立法、司法、行政执法以及法律服务等领域德才兼备的高层次的专门型、应用型、复合型法律人才。这一目标是依据当前我国社会法治人才需求确定的，是法律硕士教育得以存续和发展的现实根据，也充分显示出法律硕士教育的培养目标与其他类型的法学教育存在明显的差异。"培养目标在一定程度上就是一个教育制度的'精神内核'，它关系到教育目的的实现、教学计划的制定、课程的结构设计、教学过程的运行、教学方法的选择和教学手段的运用等方方面面。"③ 培养目标的差异性决定了法律硕士教育和其他类型法学教育在教学模式、师资配置等方面应当有所区别。而

---

① 孙晓楼：《法律教育》，中国政法大学出版社 2004 年，第 43 页。
② 王琪：《法律硕士专业学位研究生教学方法改革初探》，载《黑龙江政法管理干部学院学报》2000 年第 3 期，第 135 页。
③ 何跃春：《中国法律硕士培养机制研究》，湖南大学 2007 年学位论文，第 10 页。

这种区别首先反映在教师制度建设上。当前，为了实现培养"高层次的专门型、应用型、复合型法律人才"的目标，我国法律硕士教育在深化对法学教育性质、任务、要求等重大问题认识的基础上，借鉴两大法系法律人才培养模式的长处及制度设计，对其教师制度建设作出了创新性规定。① 其中，《培养方案》明确规定了法律硕士培养的双导师制度。根据法律硕士教育要求划分专业领域，并突出强调高校对口建设校外导师制度，发挥校外实务导师在专业领域内的传帮带作用，让法律硕士充分融入当前的法治实践中，总结实践经验，摸索法律行业的工作规律，力求以专业领域的校外导师制度建设带动"专门型、应用型、复合型法律人才"培养。

另一方面，法律实践教学的展开需要重视法律硕士校外导师制度的建设。我国传统法学教育重视法学理论教学，强调理论的完整性和系统性，而忽视学生法律操作和实践能力的培养。这种法学教学思维和方法缺乏针对性和实践性。从法律硕士培养的实践情况看，应当实现传统的法学通识教育向法学实践教育的转向，改变传统的法学通识教育的单一模式，将法学通识教育与法学实践教育相结合，在多元教学模式相融合的思路下，实现法学通识教育与法学实践教育的优势互补、兼收并蓄。② 当前，将法学理论教学和法律实践教学高度融合的思路，已经成为法律硕士培养的基本教育模式。《培养方案》指出，法律硕士的培养方式应当是把知识教育和能力教育相结合，重视和加强实践教学，注重实务能力的培养。因此，高校在法律硕士课程设置上，将法学理论、司法文书写作、经典案例分析等课程相结合；在学业规划上，将校内理论学习和校外基地实践相结合。显然，这些法律实践教学的内容需要法律

---

① 霍宪丹：《法律硕士教育定位的背景和基础》，载《华东政法学院学报》2005 年第 3 期，第 5 页。

② 陈伟：《从法学通识教育到法学实践教育的转向——兼论法学教学方法的变革》，载《法治研究》2015 年第 1 期，第 107~112 页。

硕士校外导师发挥引领作用，充分展现实践案例的教学功效和魅力。

同时，传统的法学教师越来越难以应对有关法律实践最为现实和最为急迫的问题。现行教师队伍中绝大多数的法学教师都是学术型人才，缺乏法律职业的经历和经验的积累，在进行职业培训方面力所不逮。① 这和法律硕士教育强调将理论知识教育和实践能力教育相并重，更加重视法律实践教学，注重法律实践能力的培养，存在着明显的矛盾。而且，新兴学科对法律领域的自主性的冲击和法律职业共同体发展的滞后，使得法学家和法律职业者之间产生了难以逾越的鸿沟。传统的纯理论性师资队伍，不仅无法为法律硕士教育提供有效的教育方法，反而严重阻碍了法律硕士教育目标的实现。因而，各培养单位在当前的法律硕士教育中，均将法律硕士校外实务导师建设视为法律硕士教育的重要任务。法律硕士教育的师资配置基本形成了校内理论导师与校外实务导师相结合的"双导师"制，共同承担法学理论教学和法律实践教学的任务。②

然而，当前法律硕士培养现状表明，由于诸多现实原因致使法律硕士校外导师对法律硕士的培养流于形式，并未能实现预期的目标。法律硕士校外导师制度的运行不畅是法律硕士法学理论教学与法律实践教学相脱节的主要原因，也是法律硕士教育实践效果与培养目标相差甚远的罪魁祸首，对此必须高度重视。

二、法律硕士校外导师制度建设的现实困境

法律硕士校外导师制度建设关系着法律硕士实践教学的成效，影响

① 周世中：《走出法学象牙塔》，广西师范大学出版社 2011 年版，第 27 页。
② 孟勤国、黄莹、杨洁：《法学教学的规律与操作探究》，中国民主法制出版社 2012 年版，第 14 页。

着法律硕士专门型、应用型、复合型法律人才培养目标的实现。因而从现实出发对法律硕士校外导师制度建设面临的核心性问题进行检讨性反思，将是法律硕士培养机制完善的重要内容。

（一）校外导师的选任、管理和保障机制不健全

校外实务导师已经成为法律硕士实践教学的主要参与者，这必然需要为法律硕士合理配置实践性教师资源。然而，由于相关规范文件未明确法律硕士校外导师的选任机制，以及培养单位自主选拔机制不健全等原因，致使当前的法律硕士校外导师选任存在诸多问题。

首先，高校选聘法律硕士校外导师缺乏合理标准。高校为建立实习基地并利用实习单位的资源，往往偏向于聘任担任行政职务的人员作为校外导师，而忽视其法律实务经验和学术能力。目前，由于司法改革进一步限制了法官、检察官等司法人员从事兼职工作，实质上也限制了法律硕士校外导师聘用渠道，因而高校聘任校外实务导师也面临着导师资源窘境。在此背景下，高校基于法律硕士实践性导师师资力量不足的现实，不得不扩大校外导师的选任规模，使得校外导师队伍建设质量大打折扣。

其次，校外导师的管理机制不科学。当前，校外导师的管理机制存在着诸多缺陷。这突出表现在：第一，校外导师管理规范缺失；第二，缺乏专门的管理机构；第三，缺乏对校外导师绩效的有效考核机制；第四，高校、校外导师和法律硕士之间缺乏有效的沟通平台，致使三方沟通不畅问题突出。由于缺乏这些基本的管理规范和机制，致使校外导师的选任、管理、考核等具体工作都无法有效开展，校外导师不过是徒有其名而不能发挥应有的指导作用。

最后，校外导师的任职保障机制不健全。从当前的法律硕士校外导师制度实践情况来看，多数高校校外导师的任职保障十分有限。尽管部

分高校试图通过给予校外导师高校内的部分资源利用便利条件，例如校内电子图书资源的使用权等，但是即便这些微弱的保障能够实现，也难保障校外导师充分有效地任职。大多校外导师对学生的指导全凭一腔热情，任职保障机制的缺失严重影响其履职的积极性，已成为不可回避的现实问题。

（二）校外导师对法律硕士培养的过程性参与不足

当前，法律硕士校外导师主要工作包括指导法律硕士的专业实习、毕业论文写作、实践课程教学、就业指导等。总体而言，法律硕士实践教学的开展和实践能力的培养，需要法律硕士校外导师对法律硕士培养的全过程性参与。但是，从目前的实际情况看，校外导师对法律硕士培养的核心环节的参与度明显不足。

首先，就法律硕士的学位论文指导而言，法律硕士校外导师的作用发挥不充分。法律硕士学位论文主要以案例分析、调查报告的形式关注法律实践问题，侧重于反映法律硕士运用所学理论知识解决法律实务中的理论与实践问题的能力。学位论文的质量直接取决于实践问题的选择和写作技巧的掌握。就此而言，作为实务部门的专家，校外实务导师本应在法律硕士学位论文选题和写作中发挥重要的指引和把关作用。然而，事实表明，大多数法律硕士学位论文的选题都是来源于理论研究的闭门造车，极少来源于校外导师指导的实践问题。在毕业论文写作方面，校外导师的指导作用发挥得更是微乎其微。

其次，校外导师对高校开展的实习课程参与度低，未能有效促升实践教学质量。法律硕士作为国家的高层次法治人才，必须具备将高深莫测的法学理论运用到实践中，使法学理论知识获得实践性支撑的能力，包括法律文书写作、法律检索、纠纷化解、法律谈判等，但是这些实践能力的获取主要依赖于法律实践教育。"实践教育就是要把书本上的

'死法'变为'活法'，把'法条中的法'变为'现实中的法'，通过实践案件中发现的问题与症结来引导学生思维，以实现'活学活用'的最终效果。"① 在法律硕士的实践教育中，校外导师能够通过即时的指导将自身良好的职业素养、丰富的法律技能和经验传授给法律硕士。尽管为了提升法律硕士实践教学质量，目前各高校都在围绕专业设置方向针对性开设《刑事疑难案例分析》《生活中的民法典》等实践性课程，但是校外实务导师的参与相当有限，很多实践性课程往往也是由校内理论导师在开设授课。这严重钳制了法律硕士实践教学质量的提升。

最后，校外导师对法律硕士的就业观培养和就业选择指导作用不足。由于校外导师对校内课程的参与不足，对学生的实际能力和就业意愿知之甚少，很难对学生就业提供建设性的意见，更难以为法律硕士的正确就业观养成、就业技能培训等提供切实的指导。加上法律行业就业具有特殊性，即大部分学生仍然选择的是成为公务员，因此多数情形下校外导师也无法进行就业推荐。

三、法律硕士校外导师制度建设的路径优化

"教师是立教之本、兴教之源。"要提高法律硕士实践教学质量，实现法律硕士培养高素质的专门型、应用型、复合型法律人才的目标，就必须完善法律硕士校外导师制度建设。

（一）建立健全校外导师的选任、管理与保障机制

首先，要建立完善法律硕士校外导师制度的管理规范，统一校外导

---

① 陈伟：《从法学通识教育到法学实践教育的转向——兼论法学教学方法的变革》，载《法治研究》2015 年第 1 期，第 109 页。

师制度建设的基本要求和核心内容。第一，国家应当制定和完善相关法律法规与政策，保障校外兼职导师制度的规范化运行。例如，通过修订《教师法》和《职业教育法》对法律硕士校外导师制度提供完善的规范和制度支持。第二，教育行政部门应当根据法律法规，制定相应的配套措施，建立法律硕士校外导师制度科学的运作模式。例如，推行法律硕士校外导师资格认证制度。第三，高校应当根据法律法规制定符合自身实际情况的实施细则，完善法律硕士校外兼职教师管理模式，对校外导师制度管理规范制订目的、制订程序、基本内容等做出详细的规定，保障其实践可操作性。

其次，建立法律硕士校外导师的专门管理机构，负责校外导师的遴选、管理等常规性工作。建立专门的法律硕士校外实务导师教学管理机构，使法律硕士校外导师的聘用和管理走向常态化、规模化，是构建现代化法律硕士指导教师制度的必然路径选择，也是实现法律硕士培养目标的必由之路。因此，法律硕士培养单位应当设置专门的机构和人员负责校外导师的聘用和管理，根据教学需要提前规划好年度或学期聘用规模及其岗位要求，做好聘用计划，制定聘用条件、标准和公正合理的招聘程序。[1]

尤其是，要完善法律硕士校外导师的聘用机制。诚如有学者指出，"调整师资结构应当是法律硕士教育改革的重要内容。召集具有丰富法律实践经验的法学教师和具有较高学术水平的法律职业者对法律硕士进行授课，应当是其师资结构调整的一条现实途径。"[2] 党的第十八届四中全会的《决定》对此也做出了明确指示。完善法律硕士校外导师的选任机制是调整法律硕士实践性师资队伍的首要任务。第一，校外导师

---

① 韩晓华、韩涛：《卓越法律人才教育培养模式与实现路径研究》，知识产权出版社2015年版，第125~126页。

② 尹超：《法律职业教育的比较与探索——以美、德、日为例》，载《中国法学教育研究》2006年第2期，第74页。

的选任应当以实务经验水平为核心标准，以法学学术水平为辅助标准。校外导师选任主要依据校外导师从事法律实务工作的时间长短、工作业绩等因素进行考察，适当兼顾其法学学术水平。第二，在严格选拔标准的基础上扩大校外导师的选任数量，缓解师生比例失衡问题。第三，要统筹协调校外导师从业领域，保证校外导师队伍的丰富性、结构的合理性。第四，适当考虑实务导师内聘制度，发挥高校内部"双师型"教师的资源优势。

再次，要健全法律硕士校外导师的管理机制，更新管理理念和方法。一方面，要坚持以人为本的管理理念，为法律硕士校外导师提供基本的工作和生活条件，提供参与校内活动和学校管理的机会，在保障其正常履职的前提下，增强其归属感和主人翁意识。例如，为校外导师提供校内学术会议、集体活动、教学教改业务活动的机会，积极为其提供培训机会，增强他们对高校的责任感和主体意识。另一方面，要加强对校外导师的绩效考核。"现代社会高等教育承担着培养人才、科研研究、社会服务和文化传承等生产性职能"，[1] 科学制订校外导师的评估体系是其职能发挥的基本要求。要结合实际制订高校内部的校外导师绩效考核标准体系，细化校外导师的考核指标，围绕师德、实务能力、实务经验、任期内指导学生实习、指导论文写作等工作的完成情况，强化对校外导师任职的分期考核，并完善激励机制，对那些爱岗敬业、表现突出、教学效果显著的校外导师可以额外基于一定的物质或者精神奖励，增强其荣誉感和凝聚力。同时，要采取科学的评估方法，将校外导师与学生的互动评价、校外评价和校内评价两种考核方式相结合。注重通过校外第三方教育评估方法，为教育供给质量和效果评估提供客观公正的数据信息，规范和促进教育服务的良性发展，确保教育服务水平的

---

① 张曦琳：《中国高等教育评估制度变迁的回眸与前瞻——基于历史制度主义视角》，载《重庆高教研究》2020年第1期，第8页。

稳定与持续。①

最后，要强化对法律硕士校外导师的任职保障，确保其有效履行培养法律硕士的职责。在提高校外导师任职保障过程中，应当将物质性保障和精神荣誉保障相结合，多措并举提升外部保障环境。第一，提高校外导师任职的物质保障，包括提高薪酬待遇、报销培养法律硕士的直接性费用开支等。第二，借鉴校内导师职称评级制度，根据校外导师的资历及培养法律硕士的成果，对校外导师进行资格认定和职称评定，并根据职称级别配置相应待遇。第三，在实施高校和法治工作部门人员互聘计划中，建议法治工作部门对从事法律硕士培养工作的专家人员进行任职、待遇、评优等方面的优待。希望通过以上措施能激励和保障校外导师充分履行职责，以提升法律硕士的培养效果。

（二）围绕过程性要求落实具体培养职责

法律硕士教育是国家法治人才培养的重要组成部分，其实践能力的提升和培养目标的实现需要强化过程培养，通过学生实习、论文写作、就业等具体工作落实校外导师的具体培养职责。

首先，要完善培养单位、校外导师与学生的三方沟通机制，强化学生与校外导师的沟通。"教育并不是一件'告诉'和'被告诉'的事情，而是一个主动和建设性的过程。"② 构建三方之间畅通的交流机制是法律硕士培养目标实现的重要保障，因为法律硕士教育是在高校、校外导师与法律硕士三者的互动过程中实现的。一方面，"实施'引进

---

① 余胜泉、汪晓凤：《"互联网+"时代的教育供给转型与变革》，载《开放教育研究》2017年第1期，第35页。
② ［美］杜威：《民主主义与教育》，王承绪译，人民出版社1990年版，第42页。

来、走出去'战略，切实加强学生职业技能的培训力度。"① 高校可以通过增加案例教学课程、开展讲座等途径将业绩突出或者法律实务经验丰富的检察官、法官、律师等从事法律实践工作的人员"引进来"，使其和学生进行更多的实践经验交流。同时，高校要实施"走出去"战略，主动为学生创造和提供去法院、检察院等法律实务部门学习的机会，也要主动让校内高水平的理论教师"走出去"，帮助实习单位进行人员培训、探讨解决实践疑难案件等。另一方面，高校和导师要充分利用网络平台等手段，强化校外导师课程教学参与、学生见面会等活动，满足三方沟通需求。

其次，坚持以学生为中心设置符合其实际的实践方案，强化对法律硕士的就业引导。根据 2017 年修订的《培养方案》，法律硕士在培养期间必须到法律实务部门进行为期不少于 6 个月的专业实习。这就要求培养单位必须以学生为中心设置符合其自身实际情况的实践方案。实习单位的选择与配置要符合学生的实际情况。法学教育实践基地是高等院校法学教育的延伸，是理论联系实际的桥梁。② 高校法学实践基地的选择和配置必须结合学生的意愿、能力等情况综合考虑。

同时，实践方案的选择应当考虑学生的就业意愿，保障其顺利步入法治实践岗位。"法学的特性是以实用性为根本指向，是以服务司法实践为根本目的。"③ 法律硕士服务国家法治实践活动的基本前提是法律硕士能找到适合自身法律实践能力的工作岗位。但是，就业岗位的选择不仅需要法律硕士具备扎实的法律理论基础和较强的法律实践能力，更

---

① 冀祥德：《论中国法科研究生培养模式转型之必要——从以培养法学硕士为主转向以法律硕士为主》，载《环球法律评论》2012 第 5 期，第 150 页。

② 孟勤国、黄莹、杨洁：《法学教学的规律与操作探究》，中国民主法制出版社 2012 年版，第 5~6 页。

③ 陈伟：《从法学通识教育到法学实践教育的转向——兼论法学教学方法的变革》，载《法治研究》2015 年第 1 期，第 107 页。

需要获得有效的就业指导。就此而言，校外导师必须注重培养学生法律职业伦理和道德素质，并结合自身从业经验对学生的职业规划进行指导，帮助法律硕士形成正确的就业观，包括形成正确的就业态度、就业理想、就业认知和就业价值取向。[1] 例如，华东政法大学在建立校外实习基地过程中，打通了法律实习实践供需双方直接交流互动的通道，同时加强监督、建设与管理，构建良性、可持续发展的"实习为了就业，实习尽量与就业挂钩"的实习-就业新模式。[2]

最后，加强对学术论文写作的指导，提升学生的写作能力。复合型法律人才培养意味着法律硕士不仅需要完成学位论文，而且必须具备较强的写作能力和较高的写作水平。校外导师长期从事法律实践工作，在法律文书写作等方面具有无可比拟的优势。因此，高校可以调整法律硕士课程结构，提升法律硕士教学中法律文书写作等课程的比重，让校外导师更多地参与到法律硕士的写作培养工作中来，加强对学生写作能力和写作水平的考察。同时，在法律硕士毕业论文写作过程中，要强化学位论文指导教师的具体指导，将指导过程的详细情况填写在"学位论文指导情况登记卡"中，[3] 进行可视化考察。

四、结语

法学理论来源于法律实践，也要服务于法律实践，法律实践需要法学理论的总结和指引，二者相辅相成，共同构成法学教育的实践面向。实施法学教育改革，加强理论与实践的结合，是中国法学教育质量提升

---

① 马鹏：《大学生就业观教育研究》，天津商业大学 2010 学位论文，第 8 页。

② 唐波、张毅、黄超英：《法学专业标准研究——走向"卓越教育"》，上海人民出版社 2014 年版，第 246 页。

③ 王彦：《法律硕士教育改革的对策性研究》，首都师范大学 2009 年学位论文，第 27~28 页。

与人才培养目标实现的关键。尽管法律硕士培养的整体规模已经不小，实施的校外导师制度也早已在教学过程中予以推行，但是离预期的目标仍然存在相当的距离，这种现实差距值得我们关注。立足于社会现实需求，探索符合中国社会发展实际需要的法律硕士教育之路是一个值得思考的长远问题。在此过程中，坚定培养目标，创新培养思路，优化培养方案，强化过程性培养，推动法律硕士培养水平更上一层楼将是一个长期任务。

知识产权专业实习模式探究

——以四川文理学院为例

杨　宏①

摘要：四川文理学院的发展目标是建成高水平的应用型大学，这一定位决定了知识产权专业以培养应用型、复合型知识产权人才为其目标。学校知识产权本科专业学生以文科生为主，故必须采取与理工科院校不同的培养路径。政产学介合作是符合四川文理学院校情和学情的知识产权专业实习模式，但目前产学介合作十分薄弱，应当从建立校内实践教学基地、重视校外实习基地的拓展与建设、多举措改善实践教学师资薄弱状况以及注重政产学介合作契约化四个方面入手将政产学介合作实习模式落到实处，如此方能有助于知识产权专业发展走上快车道。

关键词：文科类学校；政产学介合作；实习基地；实习模式

中华人民共和国知识产权高等教育起源于 20 世纪 80 年代，至今已有 40 个年头②，如今的中国高等教育已经从精英高等教育进入了大众

---

① 作者简介：杨宏，女，四川文理学院副教授。
基金项目：四川文理学院 2020 年教改课题"知识产权专业实习模式研究"，项目编号：2020JY092。
② 金海军：《20 年回眸中国知识产权高等教育》，载《中国发明与专利》2007 年第 11 期。

高等教育阶段，经济社会发展也进入了一个新时代。

回眸知识产权高等教育 40 余年的发展，毋庸置疑的是，我国知识产权高等教育取得了丰富的成果，培养了大批高等教育知识产权人才，知识产权高等教育结构逐渐分布合理，有效支撑了我国知识产权事业的发展①。2003 年，华东政法大学设置知识产权专业，成为我国设立知识产权本科专业的第一所高校，可见我国的知识产权高等教育十分年青。据统计，截至 2022 年，共 105 所高校设置知识产权专业；截至 2020 年，共 45 所高校设立知识产权学院②，如今我国知识产权高等教育专业化程度日益加深，将为我国知识产权强国建设目标的实现提供源源不断的人才输出。

一、四川文理学院知识产权专业概况

四川文理学院于 2017 年向教育部申请设置知识产权本科专业并获批，于 2018 年开始招生，2021 年设立知识产权学院。知识产权专业的前身是法律事务专业及政法教育方向，与法学相关的办学历史将近 20 年。

四川文理学院曾经是以师范类为主的学校，现在的发展战略是建成高水平的应用型大学，学科门类较全。由于知识产权专业属于应用性十分强的专业，契合学校的发展方向，因此受到校领导的关注和大力支持，自诞生起就被寄予厚望，发展前景光明。但是由于学校是以师范类专业为主的历史原因，理工科专业较弱，客观上不利于知识产权专业的

① 对我国知识产权 40 年成就的具体内容可以参见冯晓青、周贺微：《我国知识产权高等教育四十周年：成就、问题及其解决对策》，载《法学教育研究》第 27 卷，第 163~166 页。

② 来源于教育部公布关于《2021 年度普通高等学校本科专业备案和审批结果》的通知。

发展，这从四川文理学院知识产权专业学生的学业基础也能窥斑见豹（如表 1 所示）。

表 1　学生高考时文理分科情况一览表

班级　　数量　　科目	文科	理科	新高考	辅修理工科专业人数
2018 级	33	20	0	3
2019 级	27	18	0	
2020 级	24	14	4（1 人生物；2 人化学；1 人生物化学）	6
2021 级	24	5	15（2 人次化学 3 人次物理 4 人次生物，其余选文科科目）	1

由上表可知，四川文理学院知识产权专业招生时文理兼收，从近四届学生入学前的知识背景看，知识产权专业的学生以文科学生为主，且在大学期间，辅修理工科专业的学生占比低，仅在 14% 以下。此外，我校知识产权专业师资来源于传统法学专业，专任教师缺乏理工科背景知识。这是我校确定知识产权专业人才培养方案、教育教学计划、实习模式等必须关注的学情和师资情况。自 2022 年起，四川文理学院知识产权专业将扩大招生人数，招收两个知识产权本科班，但可以预见的是，未来招收的学生仍会以文科学生为主。所以，必须选择一条与理工科院校知识产权专业不同的发展模式和路径。

值得庆幸的是，2021 年 5 月，四川省知识产权服务促进中心批准设立了四川省知识产权培训（四川文理学院）基地，基地的成立及工作的开展必将为我校知识产权专业的发展带来新的资源、平台和机遇。

二、政产介联合的知识产权实习模式的建构

　　未来，随着毕业学生的增加，我校知识产权专业学生的实习将成为知识产权人才培养中的一件大事。上文分析了我校学生以文科为主的学情，在确立我校知识产权专业实习模式时还需考虑知识产权行业人才需求状况，以使学校的人才培养与社会需求相结合，使学生毕业后能走出去，能稳定就业。

　　据不完全统计，2018 年间全国人才招聘市场累计 21834 家企事业单位发布 283788 条知识产权人才招聘信息；广东省、北京市、上海市、江苏省、浙江省为全国知识产权人才需求的高发地；四川省、重庆市、陕西省等西部地区知识产权发展迅速，成为 IP 人才需求强省主要代表①。从全国知识产权人才需求地域分布来看，四川本省的人才需求量及发展态势是鼓舞人心的，这为我校知识产权专业的发展提供了良好的地域优势。

　　根据智诚人才发布的《2018 年全国知识产权人才市场需求分析报告》，中介服务机构以 57.48% 的占比占据全国知识产权人才行业需求总榜首，其中专业技能型人才岗位中专利代理人岗位成为中介机构知识产权主要强需求岗位；知识产权顾问岗以累计占中介机构 IP 人才市场

----

　　① 2018 年知识产权人才招聘需求广东占据 27.6%，北京占据 24.2%，上海占据 12.7%，超过 3% 的省份有四川、重庆和陕西，其他均在 3% 以下，甚至青海、西藏出现了负增长，充分显示我国知识产权人才需求的地域性差异大的特征。参见智诚人才 2019 年 4 月 23 日发布的《2018 年全国知识产权人才市场需求分析报告》［EB/OL］.［2022-05-01］https：//baijiahao. baidu. com/s？id=16316833014122570 55&wfr=spider&for=pc.

需求40.25%的占比成为中介机构知识产权主要强需求岗位之一①。四川成都已有2000余家知识产权中介机构，是西南三省知识产权发展高地，具有发展较充分的知识产权市场，这为四川文理学院知识产权专业学生实习实践及就业提供了得天独厚的条件。

随着《知识产权强国建设纲要2021-2035》的发布，习近平总书记的经典话语"保护知识产权就是保护创新"将植根人们的头脑中；"大众创业、万众创新"的理念也将更加深入人心。"大众创业、万众创新"必将催生更多的社会创新主体，知识产权人才需求主体类型必将呈多样化分布。据统计，民营企业成为知识产权人才需求的最大主体；规模500人以下的经营主体占据IP人才需求主体市场81%的份额②。"中国智造"呼唤创新，创新企业急需知识产权人才保驾护航。所以，知识产权人才的就业无疑将会流向众多的市场创新主体。

此外，四川文理学院知识产权专业的前身是法律事务专业，往届毕业生在市县级政法机关、司法行政机关、律所工作人数较多，对本校法律学子就业的惯性影响不容小觑，加之四川省内除成都外，其他地市州知识产权事业发展尚处于起步阶段，就业岗位有限，而且国家机关有着工作稳定的优势，故学子们对国家公务员的青睐不会降低。

---

① 2018年知识产权人才招聘需求广东占据27.6%，北京占据24.2%，上海占据12.7%，超过3%的省份有四川、重庆和陕西，其他均在3%以下，甚至青海、西藏出现了负增长，充分显示我国知识产权人才需求的地域性差异大的特征。参见智诚人才2019年4月23日发布的《2018年全国知识产权人才市场需求分析报告》[EB/OL].［2022-05-01］https：//baijiahao. baidu. com/s? id=16316833014122570 55&wfr=spider&for=pc.

② 2018年知识产权人才招聘需求广东占据27.6%，北京占据24.2%，上海占据12.7%，超过3%的省份有四川、重庆和陕西，其他均在3%以下，甚至青海、西藏出现了负增长，充分显示我国知识产权人才需求的地域性差异大的特征。参见智诚人才2019年4月23日发布的《2018年全国知识产权人才市场需求分析报告》[EB/OL].［2022-05-01］https：//baijiahao. baidu. com/s? id=16316833014122570 55&wfr=spider&for=pc.

　　四川文理学院是一所普通地方本科院校，已经确立了向应用性大学转型的发展思路。所以，知识产权专业的实习模式必须立足于校情、学情。"企业需要的人才，企业可以自己单独培养；司法需要的人才，司法单位可以单独特色培养……知识产权高等教育的目的应当定位为我国知识产权事业的发展提供有独立思考能力的大众高等教育人才+具有知识产权专业研究能力的研究型精英人才"[①] 这种思路显然不适合四川文理学院。我校虽不直接为企业培训对口员工，但必须将向企业输送具备知识产权基本素养、知识产权管理知识和服务能力的人才视为己任，为此，知识产权专业在设计人才培养方案、课程设置及实习实践课程等时不可忽视市场对人才的需求及需要人才具备的知识和实践技能。

　　知识产权是兼具理论与实践的学科，与传统的法学专业相比，知识产权专业具有更加强烈和紧迫的实践需求，与之相应，设计知识产权专业实习实践模式时，校内校外的实践都不能偏废，校外实践基地更是十分重要。基于上述分析，四川文理学院应当构建政产学介联合的知识产权实习模式。所谓政产学介联合是指将政府、企业、高校、知识产权中介服务机构联合起来，使其发挥各自的优势，力求有效促进资源利用，为实现培养应用型、复合型知识产权人才这一共同目标而做出的制度安排。

　　今年，知识产权专业第一届学生即将毕业，但学生们的毕业实习仍然沿用传统法学以法院、检察院、律所为主要实习单位的方式，未能充分体现知识产权专业的特色，此法不可延续，应当拓宽实习渠道，体现专业特点，将政产学介联合模式落地生根。

　　今年1月7日，达州市人民政府与四川文理学院校地合作签约仪式举行，双方将在更宽的领域开展深度合作，瞄准四川文理学院建成高水

---

　　① 冯晓青、周贺微：《我国知识产权高等教育四十周年：成就、问题及其解决对策》，载《法学教育研究》第27卷，第176页。

平应用型大学、创建硕士学位授权单位和为达州创新驱动高质量发展提供人才、智力支撑等目标。市政府与学校合作框架协议的签订和落实，为政府力量对知识产权专业的支持提供了坚强助力。如今，知识产权学院与达州市知识产权工作政府主管部门——达州市市场监督管理局接触、交流日益频繁，如部分教师成为达州市知识产权纠纷调解委员会委员、协助达州市市场监督管理局开展 4.26 世界知识产权日宣传活动，四川文理学院教师参与《达州市"十四五"知识产权保护和运用发展规划（2021—2025 年）》的拟定；市市场监督管理局支持四川省知识产权培训（四川文理学院）基地即将开展的《川东北能源化工人员知识产权培训》项目的实施及《知识产权纠纷多元化解机制及能力提升》项目的申报等。总之，地方政府与学校的政学合作已经有了良好的开端，未来必将步入更加紧密的合作阶段。

专利工程师岗、知识产权管理岗和法务岗是企业知识产权主要强需求岗位，受制于学科背景知识的束缚，我校知识产权专业学生在专利工程师岗位毫无竞争力，但在知识产权管理岗和法务岗两个岗位上是具备竞争能力的。然而，由于四川文理学院坐落地——达州，位于四川东北部，离成都较远，地处川、渝、鄂、陕四省交界之处，交通便利但工业不发达，无大型国有企业，本地企业以中小型、微型企业为主，故多数企业科技含量不高，尚无"瞪羚企业"。小企业、非科技型企业往往知识产权保护意识不足，"等、靠、要"思想严重。对我校知识产权专业学生而言，这些本地企业对学生去实习实践的需求也不大，所以是学生急需培育、挖掘的实习实践场地，当然，我们的视线不能只盯在本地企业上，还需拓展地域范围，尤其是开拓周边如重庆、西安等地的企业资源，更要瞄准广东、北京、上海等知识产权发达地区，提升专业实习的质量和层次。

与市场创新主体不多、知识产权意识不强相匹配的是，达州知识产权中介服务机构数量尚未实现零的突破。与成都市 2000 余家知识产权中介服务机构相比，成达两地经济社会发展的差距尤其是知识产权事业发展的差距触目惊心。据智联人才统计数据，知识产权人才需求总量中，中介服务机构以占比 57.48% 高居榜首，未来我校知识产权专业学生的实习甚至就业都必将向知识产权中介服务机构进行部分转移，所以，开拓知识产权服务机构类实习基地是专业发展的必然选择。

三、推进我校政产学介合作实习模式的举措

概言之，我校尚未建立政产学介合作的知识产权专业实习模式，产学介合作更是未迈出实质性的步伐，但无论是产还是介，均属于外部力量，在地方政府和省知识产权服务促进中心等的大力支持下，平台和资源的寻找与对接并非难事。在政产学介合作模式中，"学"（即学校）是核心主体，是最关键的内生力量。合作从来都是以双赢为目标，单方的付出总是不能持久。作为学校，必须夯实基础，练好内功，要能真正为市场创新主体带来价值。

四川文理学院要将政产学介合作实习模式落地落实，更好发挥知识产权助力地方经济社会发展的作用，应当从以下四个方面入手。

（一）建立校内实践教学基地

要使政产学介合作实习模式能顺利实施，学校在将学生送到政府机关、企业单位、知识产权服务机构之前，应当在校内为学生提供实践的机会和资源。重庆理工大学创建了知识产权创新能力实验基地，包括知识产权应用模拟实验室、文献数据中心、知识产权咨询与评估鉴定中

心、数字模拟法庭（专利专业审判）①，这种在校内建设相对完善的实践基地的做法值得我校学习。目前，我校只有模拟法庭实训室供知识产权本科专业实践教学，并无体现知识产权特色和专业建设需求的实践场所，如知识产权应用模拟实验室，甚至连专利检索与导航所需的数据库与检索平台都未购置，使专利检索这门课程的教学尚处于空对空的状态，学生无法上手实践操作，更不能将所学知识用于实践。简言之，专业要打响首先得打好理论基础、培养应用能力。知识产权专业要发挥服务地方知识产权事业的作用必须首先在培养学生上花费精力和成本，校内实践基地的建设刻不容缓，这是学生将知识产权理论知识与知识产权实务结合的练兵之地。于我校而言，首先应当是在软件上着力，专利导航人才是全国都紧缺的人才，应当抓住机遇抢占先机，迅疾购进专利数据库或者检索平台，提升专利导航教学和实践能力。

根据智诚人才统计数据，2018 年全国 IP 行业人才需求中初级专利工程师和法务专员等初中级职位为企业市场需求中的最主要强需求职位。可见，知识产权法务专员的市场需求巨大，对我们这种以文科学生为主的知识产权专业学生来说这无疑是一个积极的信号。所以，我校应当在夯实学生知识产权法务这一处着力，体现到实践教学中，则可以通过设立知识产权法律诊所、开展知识产权典型案例模拟审判等方式锻炼学生运用所学法律知识解决实际案例的能力。

（二）重视校外实习基地的拓展与建设

目前，知识产权学院实习基地以思想政治类、行政管理类、教学类为主，法学类实习基地缺乏。自四川省知识产权培训（四川文理学院）基地设立后，基地与四川川环科技股份有限公司签署了《战略合作框

---

① 刘秀：《官产学研合作视野下知识产权专业实践教学创新研究》，载《重庆理工大学学报（社会科学）》2013 年第 1 期，第 115 页。

架协议》，该协议的签署和履行有助于培养既有理论素养又具有知识产权实务能力的复合型知识产权人才。但总体而言，与知识产权专业有关的校外实习基地数量太少，且分布区域十分有限，知识产权发达地区更未建立实习基地。按照政产学介合作实习模式的要求，四川文理学院尚需大力拓展校外实习基地，尤其是科技型企业以及知识产权服务机构类实习基地。对此，学校校地合作处理应率先行动。学校领导十分重视校外实习基地的建设，校长、书记亲自联系100家企业，此种举措既有利于提高四川文理学院的知名度，也能为学校的发展、学生的就业以及四川文理学院服务地方经济社会发展提供更多的机会。借此东风，知识产权学院也应主动走出校园，走进企业，了解企业的需求，主动服务地方，实现双赢。

实习基地还应该拓展，既要在本市建设，也要走出去，尤其是以成都、重庆为代表的知识产权发展之地。同时，还应当有更宽的视野，以广东、江苏、浙江为代表的知识产权发达地区也应积极联系，力争在这些区域设立实习基地，如此必将对知识产权专业的发展带来极大助力。

（三）多举措改善实践教学师资薄弱状况

全国第一所招收知识产权专业的高校是华东政法大学，虽然如今有100余所大学招生，但知识产权专业本身仍然十分年青。从全国来看，知识产权师资都存在薄弱问题，知识产权实践教学师资则更加薄弱，四川文理学院也不例外。实践教学指导教师既要具备较高的理论水平，还需要具备较强的实践能力，是典型的双师型教师，仅靠高校的内培是远远不够的，解决的路径主要是两个：其一，提升任课教师的实践教学能力。可以分批送任课教师到知识产权行政主管部门挂职锻炼，或者到知识产权律师事务所短期实训，或者到知识产权服务机构、知识产权实践教学基地短期学习和工作，也可以利用假期或周内无课时间到附近关系企业实践和调研。总之，任课教师要提高实践教学能力必须参与知识产权实践，别无他途。其二，可以外引。政府职能部门、企业和知识产权中介服务机构的知识产权人才可以引入课堂，引入知识产权专业实践教学，这既契合"共享"理念，也能使教学与社会接轨，有利于提高实习实践质量，也有利于培养出应用型人才。

（四）政产学介合作契约化

"诚信"是社会主义核心价值观的重要组成部分，"诚实信用"也是民法的基本原则之一，又称"帝王规则"。政产学介合作实习模式的顺利推进需要契约精神，需要各方严守契约。为此，政产学介合作各方应当签订合作协议，用契约来明确各方的权利义务，契约化的方式有助于各方长期、稳定的合作，并能使各方均能通过契约实现各自的利益，保证实现双赢或多赢。

结语

四川文理学院知识产权专业是新设本科专业，应用性很强，也是极具发展潜力的专业，能为学校建设高水平应用型大学贡献较大的力量。但是，知识产权专业的发展也面临系列难题。知识产权专业的实习应当采取政产学介合作的模式，这符合我校的实际情况，但该模式的推进尚需要学校、政府、企业等的共同努力。学校更应当首先练好内功，唯有校内校外形成合力方能提高知识产权专业服务地方经济社会发展的能力。

专题四

04

产教融合创新创业
改革研究

NLP 技术助力高校法学教育改革

——以婚姻家事用户需求研究为视角

邱　超　付　蕊　周　晓　陈红玉　程前沙①

摘要：过去我们将对法律职业人才的需求，简单地概括为法律职业人才的"通专结合"。通，既包括一般的人文与科学知识，也包括建立在社会进一步分工基础上的各类法律职业需要的特殊背景知识；专，则指狭义的法律知识技能。随着社会进步与新行业领域的诞生，法律与市场、金融、管理、社会等领域的融合先后出现。这也对复合型法律人才在不同方面的交叉融合提出相应能力需求。本文拟通过 NLP（即自然语言处理，全称为 Natural Language Processing，是一种通过自动分词、词性分析、句法分析和语义分析等手段，使计算机理解人类自然语言的技术。）技术对婚姻家事用户法律需求识别为视角，将 NLP 技术融入高校法学教育改革，通过交叉学科融合、细分专业领域、引入"活法"教学、搭载模拟实践场景等方式，助力新文科背景下"法律+科技"的人才培养，使法律行业人才队伍满足时代要求，服务用户需求。

关键词：NLP 技术；法学教育；人工智能；用户需求

---

① 作者简介：邱超、付蕊、周晓、陈红玉、程前沙，成都华律网络服务有限公司。

一、法律行业人才队伍现状概述

(一) 当前法律行业职业序列概述

根据学信网对法学类专业毕业生就业行业及企业类型分布情况的调查,法学类专业毕业生在职业去向上表现为就业结构"特色鲜明":以公务员、律师、事业单位等现代服务业为主,同时教育领域也是法学类人才倾向选择的就业方向(如图1所示)。

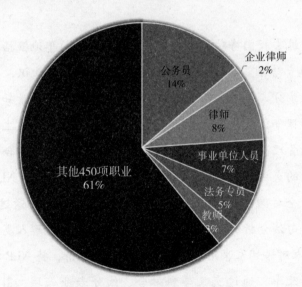

图1　法学毕业生职业去向统计

从这个统计来看,如果把公务员、事业单位人员、教师都视作法学相关工作(公务员理解为公、检、法机关的公务员,事业单位默认为公证机构,教师默认为法学相关的教师),那么我们可以得出以下结论:第一,在法学就业方向中,法学生选择最多的是公检法部门;第二,在全部法学毕业生中,专业对口就业率不到一半。

（二）当前高校法律人才培养现状

从形式与数量上看，我国的法学教育堪称世界最大规模①。但是长期以来，我国的法学教育以培养应试能力为主，在当今科技发展日新月异的时代，培养出的人才难以满足多样化的法律服务需求。主要原因有以下两点。

1. 现有法律专业课程说理先行

目前高校的法律课程主要是各大部门法，以及宪法、法律学、法律逻辑等课程，理论性极强，对于尚未步入社会的学生来说，其内容十分枯燥、晦涩，难以理解。现行的教学方式是老师讲 PPT（甚至没有 PPT，照本宣科），学生在下面听得云里雾里，加上法学课程枯燥，学生难以提起兴趣，容易走神。这种填鸭式的教学方式已经不能适应"互联网+法律"的时代要求，因此寻找更加有效的教学方式迫在眉睫。

2. 实务能力训练侧重校外实践

早在 2017 年，付子堂教授已提出："在大数据时代，实践不仅仅是实习，实践教学的途径和方法要多样化，要教会学生使用大数据思维和大数据方法分析案件。"② 可见，大数据和法学教学实践的结合是大势所趋。而目前高校的实践教育，仍然是传统的校外单位实习和覆盖面严重不足的校内模拟法庭，更谈不上大数据分析方面的实践教学。放眼校外，远程教学、非同步远程教学、大规模开放式网络课程、翻转课堂、在线教学、在线协作等新技术已被广泛地运用。未来，法学教育应在新的时代挑战面前做出调整。

---

① 龚向前、李寿平：《"法律+科技"复合型高端人才培养的实践与思考》，载《学位与研究生教育》2019 年第 2 期，第 41~45 页。

② 付子堂：《探索政法高校法治人才培养新机制》，载《中国高校社会法学》2017 年第 4 期，第 12~16 页。

（三）当前法律行业人才胜任力现状

1. 案件处理能力脱节

在重理论、轻实践的教育培养体系下，毕业生对案件操作的实践能力缺乏锻炼，上手操作时往往显得束手无策。同时，入职前对法律职业工作者的培训仅限于基础流程、标准等事务性内容，关于案件处理技巧与实际操作中的困难处理方法并无系统培训，导致基层法律工作者案件处理能力无法适应案件体量大、案情复杂的要求，可能出现照搬书本知识，不懂灵活变通的情况。

2. 通用办公能力不足

现代的办公环境，离不开各种办公软件，除了常见的 Word、Excel、PowerPoint 之外，近年来，新型的办公模式异军突起，如 Python、BI 工具等。学生往往在学校中局限于书本知识，对办公软件的培训很少甚至没有，导致学生初入职场，需要一定的适应周期。

3. 基础职业素养缺失

学生在学校中，往往缺乏对职场礼仪的培养，如时间观念、人际交往礼仪、规则意识等。有的学生缺乏情绪管理能力，导致在职场上容易情绪失控，具体到法律行业，常常表现为对待当事人缺乏耐心，容易发生冲突，有损法律工作者理性、包容、人性化的职业形象。

二、社会发展对法律人才的要求

（一）当下社会法律需求现状

1. 婚姻家事用户纠纷类型占比

为掌握法律市场用户群体的真实需求，笔者应用 NLP 识别模型对某平台法律用户咨询量进行了抽样调查，并生成用户法律需求数据报告。报告显示，在该平台上进行法律咨询的 10 万条数据中，婚姻家事类咨询数据共 12502 条，占样本总数的 12.4%。同时，在婚姻家事类项下，用户咨询主要围绕子女抚养、出轨重婚、夫妻财产、继承赠予与析家分产、婚姻关系、恋爱财产、恋爱同居、民政局婚姻手续办理、彩礼、夫妻债务、抚养赡养、家庭暴力、情感纠纷十三个方面。其中，子女抚养问题以 2019 条的数量位居首位，出轨重婚与夫妻财产位列其后（如图 2）。

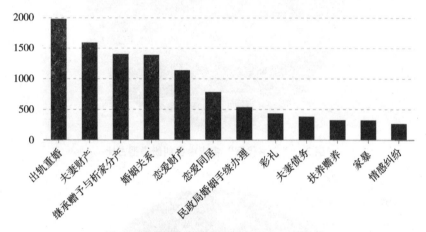

图 2　婚姻家事类案件咨询中各类问题数量

2. 婚姻家事用户需求类型占比

从用户需求来看，笔者针对该平台具有文书代写和委托律师两项需求的用户问题进行了分析整理。在 16000 条的文书代写样本数据中，婚姻家事类需求共计 1651 条，占样本总数的 10.32%，仅次于合同类需求数量，位居第二。在婚姻家事类项下，用户需求的文书代写服务涵盖离婚协议、婚前/婚内协议、分手协议、抚养/赡养协议等，离婚协议占比最大，高达 56.45%，其次分别是婚前/婚内协议与抚养/赡养协议。另外，在委托律师需求的 16000 条数据中，婚姻家事类需求共有 2224 条，占总数的 13.9%，次于刑事辩护与合同纠纷，位列第三（如图 3、图 4 所示）。

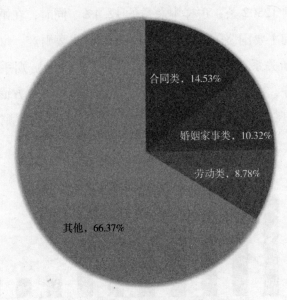

图 3 "文书代写"需求中各纠纷类型占比

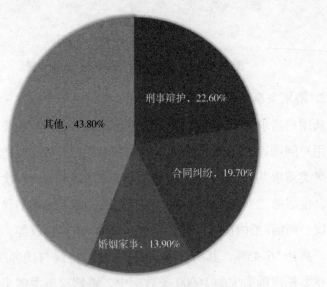

图 4 "委托律师"需求中各纠纷类型占比

3. 部分婚姻家事用户法律诉求场景占比

运用 NLP 技术将平台大量用户数据以纠纷类型和需求类型为基础拆分至用户问题触发的最小法律诉求场景，同时使用大量数据训练机器进行逻辑学习，搭建出可识别未知用户需求的 NLP 模型，实现预知用户问题法律属性的目的。通过这套模型识别系统，笔者提取两个婚姻家事案件相关父类来进行识别后发现，在婚姻关系父类下，想知道起诉离婚的流程和材料、想知道离婚的方式和流程以及提起离婚的条件是数量最多的三个场景点；出轨重婚父类下数量最多的场景点为被出轨者想知道出轨者的法律责任，其次分别为被出轨者如何维权和被出轨者取证（如表 1 所示）。

表 1 "婚姻关系"和"出轨重婚"项下场景点数量及占比

"婚姻关系"项下场景点名称	数量	占比
用户想知道起诉离婚的流程和材料	3631	24.83%
用户想知道离婚的方式和流程	2483	16.98%
用户想知道离婚的条件	1392	9.52%
用户想知道离婚赔偿	710	4.86%
用户想知道判决离婚的条件	509	348%
用户想知道诉讼离婚证据收集	476	3.26%
用户想知道协议离婚的流程和材料	373	2.55%
用户想知道诉讼离婚再次起诉	353	2.41%
用户想知道协议离婚离婚证、离婚协议书的效力	337	2.30%
用户想撤销婚姻/认定婚姻无效	313	2.14%
"出轨重婚"项下相关场景点名称	数量	占比
被出轨者想知道出轨的法律责任	1481	9.12%
被出轨者想知道如何维权	1425	0.70%
被出轨者想知道出轨的取证	1276	7.86%
被出轨者想知道重婚罪的认定	45203	6.62%

续表

"出轨重婚"项下相关场景点名称	数量	占比
被出轨者想知道三方侵权的责任	831	5.12%
被出轨者想知道离婚时的优势	717	41%
被出轨者想处理与第三者的财物纠纷	704	4.33%
第三者想知道自身法律责任	685	4.22%
出轨者想知道三方侵权的责任	636	3.92%
被出轨者想知道第三者的法律责任	596	3.67%
出轨者想知道自身法律责任	571	3.52%
第三者想知道三方侵权的责任	516	3.18%

上述数据表明，婚姻家事案件在整个法律服务案件中依然占有举足轻重的地位，对于大部分法律工作者来说，对于婚姻家事案件的把握仍然重要且具有价值。同时，不难看出，婚姻家事案件用户需求往往可以被挖掘出侧重点，尽管一些用户受情绪或某些主客观原因影响，提出的法律问题含糊不清，但应用这套 NLP 识别模型进行分析后，就可以揭开面纱，找到痛点。以小见大，辐射到全域的法律服务市场也同样适用。因此，对用户问题的法律属性进行穷尽式细分、落脚到具体场景进行针对性法律服务更能高效率地满足用户需求。在细分场景下提供精细化、专业化、高水平的法律服务也更能提高服务质量。

（二）法律人的能力修炼要从"多而广"转为"精而深"

法律职业人才从根本上必须是法律专门人才，不仅基本法律素质过硬，而且应当根据从事的特殊岗位，具备相应的法律素质。法律职业人才应具备的核心职业能力，包括法律规范诠释能力、法律事实还原能力、法律逻辑推理能力、法律职业表达能力、法律活动沟通能力①。法律规范诠释能力要求法律人才具备准确识别、理解、表述法律规范的能力，明确案件问题、寻找相关法条、分析构成要件、解释法律涵摄规范。法律事实还原能力要求法律职业人才能从纷繁复杂的案情和证据中迅速、准确地抓取到真实信息，排除干扰项，梳理事件清晰脉络，明确主体需求，以便法律纠纷得到及时处理。法律逻辑推理能力要求法律职业人才可以灵活运用演绎推理、归纳推理等推理方式，提前预判事件走向，通过类案推理等法律逻辑推理方式分析案件。法律职业表达能力要求法律职业人才既有严谨缜密的逻辑，又有专业利落的表达。在任何场合，准确表达观点都是表达能力的基础，逻辑+表达的高质量说理则应当是对每一个法律职业人才的要求。法律活动沟通能力在法律职业表达能力的基础上更侧重交互性，要求法律人才具备敏锐的观察力，针对不同主体不同情景应当调整相对应的表达方式，同时要求更加灵活的待人接物能力与协调能力。

对法律人才的专业需求，一方面要求能力专业，一方面要求领域专业。根据上文用户需求数据分析报告所得出结论，用户需求的场景点细分对应着法律服务工作者领域的细分。在当下的法律服务行业，除了传统的婚姻家事、刑事、商事等领域，知识产权、法律金融、法律医疗等专门领域的法律工作者也日益兴起。诸如此类的专长型的法律工作者相对于万金油型的法律工作者来说，往往更具有丰富的办案经验与更精准的需求识别能力，对于需求方向明确的用户来说，专长型法律工作者更能够满足其法律需求；与此同时，在当下法律需求高发的社会环境下，之前婚姻家事领域通吃的专业能力已不能满足用户问题的高效解决了，需要更进一步地在婚姻家事领域做实务场景下沉，将整体的专业掌握作

---

① 付子堂：《探索政法高校法治人才培养新机制》，载《中国高校社会科学》2017年第4期，第12~16页。

为基础，继续深挖至子女抚养权争取领域、婚内财产分割领域、婚姻纠纷程序处理领域等。

（三）法律人的业务阵地要从"笔杆子"转至"电本子"

1. 在业务实操领域掌握 NLP 技术的应用逻辑

作为人工智能的重要应用领域，NLP 技术是新一代计算机必须研究的课题。它的主要目的是克服人机对话中的各种限制，使用户能够用自己的语言与计算机对话。从早期自然语言处理、统计自然语言处理再到如今的神经网络自然语言处理，NLP 技术已经在机器翻译、问答、阅读理解等领域取得了进展。近年来，我国高度关注人工智能赋能教育问题，从多个层面制定和实施推动人工智能与教育深度融合的政策和行动计划。法律职业人才也被要求具备与特定社会经济领域相适应的人工智能背景知识，否则难以做到将法律实践真正融入实际的社会经济规律和需求。

将法律与 NLP 技术相结合，可以辅助法律工作者实现从用户提问中识别信息，实现信息过滤与筛选，对于初级法律需求如纯咨询类可以通过机器进行回复，从而避免烦琐低价值的工作占用时间。同时，法律工作者可以在人机对话中提取到高价值用户需求，有针对性地进行法律服务，在短时间内取得较高的价值收益。另外，通过 NLP 技术提取信息的汇集、聚类、推演，法律工作者可以直接就用户的自然语言表述预判其需求与案件走向，以便对案件办理更有把握。法律工作者要实现将法律与 NLP 技术相结合，就要在应用 NLP 进行文书自动生成、卷宗阅览与证据审查等事务性工作的同时，进行机器算法相关知识的学习。从初级的语义、语音、图像识别，到高级的神经网络模型，都应当有所涉猎。甚至在面对未来大模型处理数据的挑战时，法律工作者可以掌握 NLP 模型训练与机器学习的逻辑与方法，助力人工智能领域与法律应用的更新迭代。

2. 在个案研判领域应用数据分析算法工具

根据麦肯锡全球研究院的定义，大数据一般是指大到足以捕获、存储、分析和处理超出传统数据管理工具能力的非结构化数据的集合①，也就是说，大数据只是为了实现某个目标或运营策略而收集聚合的大量信息，对海量数据进行解析以获取有价值的信息才是大数据技术的关键和作用所在。在法律领域，大量法律条文与案件的整理已经可以通过无讼、威科先行、法蝉等平台实现。这在提高行业服务效率的同时，也为法律从业者提出新挑战。机械化、程序化的劳动被机器替代已经成为趋势。并且信息检索的发达为知识的获取提供了极大的便利，即便知识层面存在缺陷也能得到弥补，这就使得法律从业者之间知识层面的落差日益弱化。不过就法律这样一个以人为本的领域来说，对于个案的分析、审判逻辑的推演、自由裁量权的维度把握依然离不开人工识别与处理，使用信息技术熟练掌握大数据的整理、清洗与分析方法将会使得法律从业者在时代的飞速进步中应对自如。

左卫民教授提出："在主张研究者对于大数据研究方法的认识应当进行'降温'的同时，不得不承认的是：当下研究样本的体量早已超出了此前的任何一个时期，正在不可逆转地向'海量级'发展。这自然就产生了另一个问题：数据量越大，完全依靠人工进行分析的可能性就越小，这是否意味着传统的实证研究将不再受到重视，甚至没有生存空间？"② 由此可见，未来海量级数据处理与分析已经对传统的法律实证研究提出挑战，大到整个法律行业，小到每个法律工作者，都面临着大数据分析能力的需求，因此，将法律实证结合现代化技术开展大数据

---

① 费一鸣：《基于人工智能技术的大数据分析方法研究进展》，载《电子测试》2022年第6期，第64~66页。

② 左卫民：《大数据时代法学研究的谱系面向：自科学法？》，载《政法论坛》，2022年第6期，第32-43页。

技术研究，才是在未来空间生存的不二法门。

（四）法律人的专业能力要从"理论化"转为"实战化"

1. 法律结合逻辑的能力提升

法律逻辑与法律经验孰轻孰重一直以来在学术界都存在争议，笔者认为，法律逻辑是法律经验的基础。法律逻辑为法律实务提供理论上的指导，以大量事实要素和法律依据为基础展开论证，是法律实务和学术研究的共同路径，如果没有前期清晰的逻辑作为支撑，后续的案情分析与论证难免存在非常大的局限性。同时，法律经验产生于法律实践，法律逻辑这门学科具有很强的工具性，需要结合法律实践。若抽象性的法律逻辑不能落实到具象性的法律应用，则会成为纸上谈兵，陷入空想主义的旋涡。

目前，大部分高校已开设有法律逻辑课程，但就课程内容和学生吸收程度来说，均未达到理想效果。由于该门课程具有强烈的理科思维属性，对于法学学科中大部分学生来说学习起来较为吃力，同时，因缺乏具体案例分析作为支撑，学生往往认为其抽象生涩，对其兴趣不够高、不够重视，导致学生的逻辑思维能力并未得到充分锻炼。但由于法学对逻辑的要求较高，拥有强大逻辑思维的法律工作者易受到青睐。在面对NLP 技术和人工智能时代时，市场对法律工作者的逻辑需求不仅局限于单一的法律层面的分析与论证，同时要求法律人才掌握新兴技术运行逻辑，掌握市场供求关系逻辑等。

2. 法律结合实践的能力提升

"法律的生命在于实施"，理论上的法要转变为实践中的法，就要求法律工作者具备精通的实务水平。实务水平既归属于法律职业能力重要的一环，又独立成章，与法律基础知识不存在统一的等比关系。实务水平要求法律工作者不可局限于理论上的知识，同时也要注重将理论转化为实际的训练。

法律结合实践的能力需求，要求法律工作者在具备扎实专业知识储备的基础上，还需要具备良好的表达能力、精准的文书写作能力、严密的法律分析能力、高效的法律检索能力。在目前的高校教育中，尽管学校有意识地在日常教学中引导学生主动思考，但教学模式也存在生硬和效果不佳的缺陷。例如，许多法学专业的学生不擅长利用检索工具对各类案例、法规进行检索，无法有效地进行案例、法规的搜集。以律师的工作为例，不论非诉或诉讼，绝大多数的法律问题都是依靠大量的法律条文来进行论证，而另一方面又需要有相似的判例作为参照，因而对法律的检索能力有很高的要求。复合型法律人才既要有良好的法学素养，又要有娴熟的实践能力，具有这种能力的复合型法律人才将越来越受到重视。

3. 法律结合情理的能力提升

情理产生于大众，是大众情感的集中体现。法理是法学家经过冷静、理性的思考而创造出来的符合法律逻辑的理论结晶，它不是一般的理论，而是符合社会整体利益的学说。情理是群众论事论理、论是论非的标准，法理是创造法律规则的逻辑基础，法律规则是规制社会秩序、促进社会发展的工具①。以婚姻家事类案件为例，婚姻家事案件一般会涉及双方财产分割、子女抚养权争夺等纠纷，情理因素无疑是重要的考量标准。辐射到整个法律市场来看，法律工作者也要充分考虑用户和当事人的情感需求。不论在人工智能日益发达的今天，抑或是充满想象的未来科技时代，人类的真实情感体验都无法被机器人代替，拥有人性是人和机器最大的区别所在。

---

① 《法理 VS 情理——〈真水无香〉观后感》，在线访问地址：http：//www. lawsz. cn/。

三、NLP 技术助力当前高校法学教育逐步改革

(一) NLP 技术帮助高校优化理论课程

1. 帮助高校做学科之间交叉融合

新文科建设既要推进学科交叉融合，又要推进人文社会科学与自然科学深度融合。新文科的内涵与人工智能时代的法学人才培养思想有着密切的联系，因此，要加快"人工智能+法学"的法学教育专业人才培养的课程体系。从实际的发展来看，现有的课程设置模式已不能完全满足新时期的法学人才的需求，应该将"人工智能+法律"这一学科纳入学科领域，使之与学科交叉，例如：人工智能技术与应用、认知机器人、计算机绘图等。[①] 在高校内部，各院系之间可以联合交叉培养人才，如将法学院与计算机学院资源整合，设置"法律+计算机应用"专门课程，传授法学与计算机学相关知识，设置鼓励机制，鼓励两院学生积极参与学习。除计算机学外，还可开展商学、语言学等学科与法学交叉融合，培养更多金融法学、涉外法学等复合型法律人才。

2. 帮助高校从"理论教学"转为"活法教学"

NLP 技术需要大量的数据对机器进行训练、迭代。通过大量数据训练出来的人工智能，能准确识别用户问题，并通过庞大的数据库给出合适的知识点或者答案。将 NLP 技术引入实践教学，最显著的适用路径是为学生提供案例分析指导。在高校教师讲解某一法律知识时，可以实现轻松获取相关案例予以佐证，以知识点引出案例，以避免出现教学上缺乏案例或虚构案例不具有现实操作性等问题。同时反过来，也可以

---

① 季连帅、何颖：《人工智能时代法学高等教育的变革与应对》，载《黑龙江社会科学》2022 年第 1 期，第 123~128 页。

在教学中通过对典型、复杂案例的讲解，引导学生对应到某个具体的理论知识点，达到举一反三的教学效果。

同时，高校应在法学知识教育的基础上，合理开设法律业务操作类的课程，例如：法律人工智能建模、法律大数据提取技术等。在实习课程的设置上，着重于人工智能司法辅助系统操作的实训，使学生能够更好地了解其功能、结构、原理、操作，以提高学员的适应能力，并克服对人工智能的盲目排斥和依赖。高校应注重对学生学习中的反馈进行适时指导。例如，部门法案例教学，可以让学员在网上进行个案研讨，由人工智能系统将学员与该系统的互动资料，包括资源获取时间、沟通协作、法庭判决等；再加上 NLP 技术的识别过滤和机器学习，老师可以依据系统中记录的时间数据和交互数据，对学生的学习成果进行全面评估，从而帮助学生发现问题和不足，指导、改进和优化学生的网络学习体验。

3. 帮助高校进行法律学科专业细分

随着市场用户需求场景的细分，对于人才培养的发力点也可以尝试按照纠纷类型进行划分。例如，在本科阶段，除了通识的法学基础理论课之外，在培养学生法律素养的同时可以开设专班，如"婚姻家事专班""刑事专班""劳动专班"等，以学生兴趣为标准区分，集中开展相关知识教学，缓解毕业生"科科都学过，科科都不精"的尴尬局面。在研究生阶段，针对各学科开展具体的针对性的实务教学，例如，对于婚姻家事类学生，开设实务操作课程指导，上手操作离婚财产分割、子女抚养权争取与抚养费计算等实务中的常见问题。

（二）NLP 技术帮助高校优化实践课程

1. 应用 NLP 技术提供实务教学指导

将 NLP 技术引入实务教育，打造学校、社会互相联通的法学实践教育平台，弥补学生实务能力短板。在该平台上，NLP 技术将提供学生与社会之间的联动通道，学生可以通过平台接触到当事人的需求，将长时间积累在书本上的法律知识运用到各类案件中，实现在校内接触"活法"。同时，该平台将汇集各实务部门的实际操作流程与经验，学生可以在平台提问，通过 NLP 技术快速获得解答。并且，通过大量实务类问题数据的累积，实务操作的问题库也将不断得到更新，以达到有问有答的良性循环。

通过多维的资源整合，使不同的法律实践教学平台能够实现平台间的相互联系，从而突破信息的"孤岛"。一旦建立了网络平台，可以将学生的实习资料与授权的平台进行共享，从而使数据的供应更加完善，为学生的个人评定提供更好的参考资料，同时也为法律实践教学的评估提供一个完整、可信的数据支持。高校可以根据自身特点，建立校内外多学科实践平台，将法学、人工智能、社会学、管理学、医学、系统工程等交叉学科的实践资源上网，避免高校之间的法学实践同质化，创建带有本校特色的法学院，培养具有学校特色的复合型、应用型法治人才。高校在全国范围内开展合作，共享优质实训教学资源，实现跨地区实习资源的供应，从而促进法学专业学生的实际技能水平均衡发展。通过搭建一个与实务部门对接的平台，在实务工作中聘请资深公检法人员及法律科技人员等实务人员，并利用这个平台开展实务讲座、开设课程、模拟法庭、法律诊所等，实现法学院与实务部门的深度合作。与其他法学院、法院、检察院等单位的合作，采取联合讲座、联合培养、共享课程、派出实习等形式，使学生在不同的法律环境下提升实务水平。

2. 应用 XR 技术打造模拟教学场景

简单来说，XR 技术是 VR 技术（虚拟现实 Virtual Reality）与 AR 技术（增强现实 Augmented Reality）的统称，虚拟现实技术具有沉浸性（Immersive）、交互性（Interactive）和想象性（Imagination）3 种特征，

这使得该技术极适合应用于开放自由的教学空间①。通过 VR 技术的模拟，学生可以接触到现实中难以参与的业务，如在实验室中还原案发场景，观察案件证据等，以增强学生的实践能力。AR 技术能够对现实世界进行补充，因此可以为学习者创建丰富的学习情境，鼓励学生从不同角度探索世界，并将抽象或不可见的学习内容（如昼夜交替）可视化。通过 AR 技术，可以打造科技化的教学课堂，使生硬的案件数据生动展现在学生眼前，从而激发学生的学习兴趣。

同时，当前的疫情环境下，学生时常面临居家远程学习的情况；校内模拟法庭的覆盖性较窄，无法保证在有限的机会里为每名学生提供充分锻炼的机会。并且模拟法庭开展的频率小，不能满足学生能力提升所需，传统的模拟法庭局限性较大。通过 XR 技术，我们可以打破时空限制，实现远程沉浸式场景教学，让每一个学生都有机会参与模拟法庭，每个参与的学生都可以担任不同的角色。即使只有一个学生参加也可以让计算机模拟其他角色，并且可以进行反复模拟，使学生对庭审过程有全面直观的认识，提高法学素养。

四、NLP 技术引领未来法律人才队伍不断完善

（一）丰富法律行业职业序列

在国家新文科建设的背景下，推动法学学科教育体系重构，完成"法学+X"的课程体系建设。随着人工智能的发展，法律人才培养更加智能化、专业化、细致化，法律人才不仅要掌握法律理论知识，更掌握不同领域的专业知识与技能，拥有多种复合型能力。高等教育的本质是

---

① 张子涵：《信息技术教育应用的潜力、效果和挑战——基于"VR""AR""MR"的分析》，载《软件导刊》2022 年第 2 期，第 216~220 页。

基于对"人"的培养，在教育教学过程中所有技术的应用都必须服从和服务于这个目的，须着重强调的是：人工智能虽然正在使教育发生革命性的变革，但是教育的本质不会变，立德树人的根本目的不会变。在人工智能技术的冲击下，法学高等教育更应坚守对法律的信仰，培养德法兼修的法治人才。在这样的教育背景下，一批既具备深厚法学知识功底，精通实务操作，又具备人工智能背景知识，对大数据有着感知的复合型、应用型法律人才将参与到法律服务当中，使得服务于用户的不再是传统的法官、检察官和律师，队伍中将会注入大量的法律咨询师、法律知识工程师、法律数据分析师等多元化的法律需求服务主体，打造人性化、现代化、专业化的法律服务队伍。

（二）推进法律服务专业细分

NLP 技术对法律服务工作的两大要素——人才、工具带来现代化革新后，必将推动整个法律服务行业的提质增效。将法律与 NLP 技术有机结合，可以实现科技为法律服务多渠道、全方位赋能，助力法律服务行业提质增效。以 NPL 技术为基础，未来将有越来越多的集智能问答、类案检索、审判辅助、文书生成为一体的智能辅助系统问世，各类工具可以帮助法律工作者过滤大部分繁杂的事务性工作与低转化价值的纯咨询工作，从而完成资源合理分配，以达到高效的法律服务，让法律服务更智慧。同时，经过一系列法律人才队伍的搭建措施，一批复合型、应用型法律人才将为法律人才队伍注入新鲜血液，为法律服务提质增效提供新动能。

（三）促进法律产学研一体化

2017 年习近平总书记在中国政法大学考察时强调："法学学科是实践性很强的学科，法学教育要处理好知识教学和实践教学的关系。要打破高校和社会之间的体制壁垒，将实际工作部门的优质实践教学资源引进高校，加强法学教育、法学研究工作者和法治实际工作者之间的交流。"法学教育不仅仅是高校的责任，更是社会各界共同的责任。

通过科学技术对市场资源的整合，有助于打破高校与政、企之间的壁垒，加强高校与政企部门协作，共同开展人才培养。将公、检、法、企业的法治建设成果和资源应用到法学实践教学中，高校与政企部门达成合作，让法治实务经验进入校园。同时，越来越多的高校可引入政企智慧法治建设成果，将基础理论知识与相关案例结合教学，纸上谈兵式的理论教学方式逐渐得以淡化，学生可以通过大量案例学习及积累，将理论知识灵活运用到实践中。以此为基础，政、企、校联合教育，协同培养的法律人才队伍建设机制将日趋成熟，并在实践过程中得以不断完善，培养更多的适应时代需求的法律人才投身到习近平新时代中国特色社会主义法治建设工作中去。

法律科技如何实现普惠法律服务和律师赋能

张健豪①

摘要： 伴随大数据人工智能等多种信息技术的发展，法律服务市场正在经历着一轮又一轮新型的改变与革新，通过信息技术赋能法律服务，法律科技这一词诞生，而法律科技近几年正迎来了井喷式地快速发展，涌现出了类似智慧法院、数字律所等多种法律科技时代的产物，传统的法律服务正面临逐步被科技颠覆改变的情况，而本文的核心是聚焦于法律科技如何将传统昂贵的法律服务变得普惠化，以法律科技龙头企业代表华律网为例，通过法律科技让所有人都能够享受到普惠、优质、高效的法律服务，同时如何通过法律科技改变传统律师的成长模式、办案模式，为律师进行赋能。

关键词： 法律科技；普惠法律；律师赋能

一、法律服务市场分析

（一）用户心理分析

法律服务作为一项刚需但是使用发生频率并不是那么高的服务，大

---

① 作者简介：张健豪，成都华律网络服务有限公司。

部分普通老百姓在遇到可能涉及的法律问题后，其通常的表现一般存在八个维度，根据华律网 18 年的服务用户经验分析画像总结如下。

绝大部分的普通老百姓是没有接受过法学专业教育的，是没有学习过相关的法律知识的，所以绝大部分的普通老百姓是处于一个不懂法的状态，或者只是略知一二。

当遇到生活中或者工作中的某个疑难问题时，大部分人是不知道如何解决的，也无法判断该问题是不是属于法律问题，对问题的界定不够清晰。

当发生了法律相关的纠纷时，绝大部分人更多是寻求周边朋友的帮助，或者在互联网浏览器上进行搜索，实质上他们是不知道通过什么途径来请一位律师来帮助他们解决问题的。

当前律所所提供的法律服务大部分是属于非标准化的服务，其价格空间波动大，导致法律服务当前的获取门槛高。

虽然当前中国的律师有 57.48 万（数据截至 2021 年年底），但相比较中国当前 14.05 亿的人口而言，单个律师所服务的用户数量较多，所以线下律师数量相对是比较少，并且每个律师由于其专业能力、职业年限、办案经验存在较多的个体差异，所以其提供的法律服务质量也是参差不齐的。

对一个没有经历过专业法学教育，不懂得司法体系流程的老百姓而言，他并不知道自己需要什么样的法律服务，不知道什么样的服务能够解决自己的困难。

当老百姓选择了一名律师，在律师为他进行服务后，由于他本身缺少专业的评判知识，他无法准确评估律师为其带来的服务价值以及服务的效果。

生活中的纠纷一旦上升到法律层面，对大部分老百姓而言就是一道门槛，大部分人都希望大事化小小事化了，对法律服务具有一定的畏难情绪。

(二) 市场容量分析

从当前律师和律所的增长数量上看（如图1所示）。2010年，全国律师数量为19.5万，律所数量为1.72万，一直到2021年，全国的律师数量增长到了57.48万，律所数量增长到了3.65万。根据司法部1月25日公布《全国公共法律服务体系建设规划（2021-2025年）》提出，到2025年，全国执业律师达到75万名。由此可见，在大政策背景的支持下，中国的律师服务市场处于一个快速增长期，仍然存在较大发展潜力。

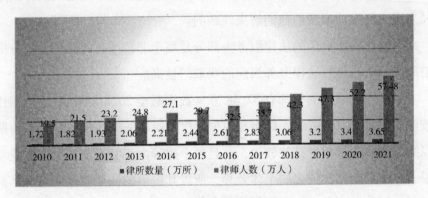

图1 中国律师行业数据

对比中美法律服务市场数量，美国3.31亿人，拥有135.2万在职律师，而中国14.05亿人，才拥有57.6万执业律师。通过对比分析可以看到，中国当前的法律服务市场对比发达国家的法律服务市场仍然有较大的增长空间。

(三) 市场价格分析

以某地区的律师收费标准为例，律师服务的计件收费标准为每件收取1000~10000元不等，计时收费标准为200~1500元/小时，按标的额度收费标准为 10 万元以下部分收费比例为 6%，10 万元以上至 50 万元的部分 5.5%，50 万以上至 100 万的部分 5%。而对比当前中国老百姓的平均收入，整个法律市场服务的价格是相对昂贵。

二、普惠法律服务探索

（一）法律科技市场分析

与其他行业类似，大数据对法律行业的影响已日渐显著。在过去的几年中，法律行业经历了巨大变化，与以往的"互联网+法律"的形态不同，法律行业来到了以"法律大数据""法律人工智能"等技术为代表的"法律+科技"时代。

而伴随法律科技的发展，当前市场上主要衍生出了五种法律科技形态。

第一种是工具类，通过法律科技赋能律师日常的办案办公以及律所的管理，其中比较典型的如法蝉为律师提供的 Saas 工具，理脉，法信，法大大等企业。

第二种是服务类，核心是为用户提供实际的法律服务，如快法务、绿狗、法象等。

第三种是平台类，通过搭建了互联网服务平台，打通了用户端和律师端，通过平台的内容吸引用户和律师，同时帮助用户和律师完成线上撮合交易，如华律网、法律快车等企业。

第四种是媒体与社区类，例如像无讼、律新社等。

第五种是培训类，通过为律师提供各种各样专业类的、成长类培训和研究班等服务，如律好学堂、庭立方、法律先生等。

（二）普惠法律服务探索

面对法律科技市场的蓬勃发展，众多的企业也躬身入局，积极在法律科技市场中进行探索，而华律网作为平台类法律科技企业的代表，在法律科技领域更是探索出了许多值得研究的成果，本文将以华律网为例，来对普惠法律服务进行相关研究。

1. 法律科技企业简介

华律网（66law.cn）成立于 2004 年，深耕互联网+法律行业 19 年，目前已成为全国最早的一站式在线法律服务平台之一，根据站长之家的数据统计，华律网目前在全球中文网站中总排名 55 位，法律服务行业网站排名第一，四川地区网站排名第一；华律网为个人、企业和政府提供包括普法服务、咨询服务、非诉法律服务和线下律师匹配服务在内的一站式法律服务。企业以"让所有人享受到普惠、优质、高效的法律服务"为使命，致力于成为全球知名的一站式法律服务平台，与律师携手，为用户打造健康法律生态。

华律网依托"普法服务""咨询服务""非诉法律服务"和"线下律师匹配服务"四大核心功能，构建了最广阔的法律服务大数据海洋；通过率先在互联网法律中引导付费咨询，将大数据、人工智能等相关技术与实务经验、法律法规进行充分融合，将用户和律师连接起来，构筑了中国最大的专业法律撮合、交易平台；通过规划和打通开放、共享的法律服务上下游环节，基本建成法律服务的生态圈，目前朝着法律产业数字化和法律数字化产业的目标大步迈进。

截至 2022 年 1 月，平台当前注册用户 1.6 亿，注册律师 40 万，注册律所 1.5 万家，新媒体粉丝超 2000 万人；日独立用户访问量 1100 万人次，日咨询量 16.5 万，累计咨询服务人次达 4 亿；优质法律知识内容超 9 亿条，年普法人次达 50 亿；成立至今累计注册企业数量达 400 万左右，年注册量 30 万左右。

2. 多元趣味低成本普法

2021 年 6 月 15 日，中共中央国务院转发《中央宣传部、司法部关于开展法治宣传教育的第八个五年规划（2021－2025 年）》的文件，文件中提到要充分运用社会力量开展公益普法，充分运用新技术新媒体开展精准普法，而普法其实就是让人人都知法、懂法、用法，它既是最大的社会公益，也是为行业培养用户习惯。

华律网利用在 19 年的日常咨询服务中的所遇到的各类常见法律问题，通过大数据分类算法技术，分法律领域以文字、图片和视频的形式，以智慧普法一体机为载体，向广大老百姓提供生动形象、富有趣味的普法知识教育。同时，华律通过与高校法学院合作，生产专业的法律知识数据达到 9 亿多的量，通过互联网平台每年普及的法律知识达到 40 亿人次，充分运用了抖音、快手等新媒体，联合行业律师生产出富有趣味、易于理解、传播性强的普法内容，通过新媒体传播粉丝量达到 2000 万人，话题播放量达到 45 亿次，账号播放量达到 65 亿次，孵化了运营了众多新媒体律师普法账号。

过去的普法工作更多集中在线下的讲座和会议，通过聚集所有人在同一个空间内，由律师现场进行法律法规、案例的讲解和教学，普法工作的工作量大且效果难以评估，而华律网充分利用新媒体和新技术，将普法工作变为了日常的新媒体短视频，充分利用用户的碎片时间，以简短有趣的形式完成普法工作，让普法形式更加互联网化、日常化、低成本化和趣味化。

3. 普惠法律服务标准产品

法律服务产品在过去一直是处于价格波动大、衡量标准不清晰、定价缺少具体标准的情况，导致我们的用户在选择法律服务产品时总是心存疑虑，不清楚法律服务产品性价比是否合适，缺少选择和衡量的标准。

华律网通过利用服务大数据，针对 C 端用户抽象出涵盖个人婚姻家庭、劳动纠纷、工伤索赔、交通事故等共计 12 种常见法律需求场景，在 12 种需求场景中又抽象出 48 种高频情形，打造出累计 400+SKU 电商标品，包含了明确的服务名称、服务价格、服务内容以及服务文件产品。针对 B 端的中小微企业提供普惠、优质、高效的企业法律服务标品和定制化法律服务，覆盖企业在经营过程中多个场景，助力企业合规发展，如 3650 元/年的企业法律顾问产品包，包含了图文咨询、合同模板、合同审查、合同代写、公司章程定制、个人事务咨询、法律培训沙龙和律师函代写代发，所有的服务内容均是从企业过往的服务中所抽象出的精准企业需求。

同时，华律网在在线咨询服务上利用平台充足的专业律师资源，覆盖民事民法、经济金融、合同文书等 91 个专长，涵盖 99% 法律咨询情形，咨询类服务包含在线咨询、一对一咨询、电话咨询等多类型咨询服务，满足当事人的不同需求，平均 5 分钟回复 1 人，问题解决流程高达99%。在知识付费服务上，打造涵盖房产、金融、公司经营、劳动、婚姻、买卖代理等 20 个民商事情形的 60000+SKU 标准化商品，涵盖婚姻家庭、劳动纠纷、债权债务、交通事故、消费权益、刑事辩护、合同纠纷知识产权等 10 个高频维权场景的维权方案，数量达到 60000+SKU。在合同文书定制上提供满足个人和企业劳动纠纷、合同纠纷、刑事诉讼等 5 大高频使用场景的标准化文书定制服务。在定制法律服务上，根据网络用户热议话题和企业个性化需求，采用新型媒体和知识电商工具针对性研发新商品，与时俱进满足用户需求。

4. 法律服务产业链打造

在数字产业化和产业数字化快速发展的时代，为了让法律服务变得普惠化，打通法律服务上下游必不可少，华律利用自身的平台优势，孵化和投资的当前全国最大的刑事律师培训平台庭立方，青年律师培训机构律好学堂，智能化律师 Saas 工具法蝉等，打通法律服务产业链上下游，形成联合服务，通过规模化的服务，降低整体法律服务成本，从而可以为用户提供更多的普惠化的法律多元化服务。

三、律师办案成长赋能

（一）数字化市场画像分析

律师业务市场的一大特点，信息不对称状况严重。如果按照供需两侧来形容，则供给端找不到需求端，需求端找不到供给端。在这里，并不是指市面上缺少律师，或者缺少有法律需求的用户，更多的是指两者的适配，将符合用户需求的律师递到用户面前，完成撮合，但实际上，供需两侧的适配，基本上靠缘分，变成低概率事件，这是抑制律师业务市场的重要因素。那么有三个问题就变得非常的关键：客户在哪里？是谁？需求是什么？

通过对客户的行为路径进行大数据分析，15%的人有明确找律师的需求，会去检索律师姓名，10%的人有明确找律所的需求，检索律所名字，17%的人直接通过平台，根据自己所在地域，进行律师筛选后进行交互。而58%的人则是通过问题的检索，经过各大渠道来到平台，经历查知识，看符合自身情况的问答，选择符合律师，产生交互，以此来解决问题。

　　而客户的法律需求实际上就是懂法和用法，懂法则是需要知识性强，互动性强的知识，用法则是解决实际问题，问问题，找律师，解决问题。我们了解了行业中有法律需求的用户在哪里，画像是什么，以及需求路径。那么我们接下来需要做市场细分，锁定你的目标客户群体以及他的关键节点路径，也就是锁定好我们的鱼塘，要先在小鱼塘里做大鱼。

（二）数字化个人名片打造

　　互联网时代，信任传递靠的是行业数据的在线化、透明化、可视化。而如何将数据全方位地呈现并给予客户选择律师的必须理由，是差异化竞争的关键。而在华律业务场景中，则是运营二级域名网站。

　　第一个是信息可视，让用户感知专业，一方面是独特的个人简介，从形象，履历到个性化，尽量将核心重点突出。另一方面从用户心理出发，打破用户对律师的服务标准和服务价格的信息差，当然这个点并不一定适用于所有的律师，不过从我们的数据观察而言，对青年律师会更有优势，也就是产品的标准化，重在客户的积累。

　　第二个是专业可视化，让用户感知可靠，专业可视可以通过两个方面来呈现，经验呈现和知识沉淀。在互联网上建立信任是一件很难的事情，在用户做出选择前，我们要贴合用户心理，用户需要找一个专业的、能够解决问题并且值得信任的律师。而专业的呈现，更多在于对律师过往办案经验的了解，律师可以通过自主上传案例，进行内容的优化变得更通俗易懂、吸引用户，以及提升可阅读性，同时华律大数据库将所有裁判文书网案例都进行了抓取，律师只需要在后台数据库认领，则案例中的敏感信息都会被去除并同步上传到个人网站。另一方面为知识沉淀，线上发布针对普法相关的图文，观点或研究性文章。由于律师不断地运营网站、上传案例、更新文章,那么网站内容被搜索引擎的收录会增加,网站权重也会提高,同时排名也自然靠前。这样面对的用户就是面向整个互联网。

第三个是服务可视化,感知问题可解,三方呈现。举例我们到了美团,大众点评首先在意的是什么,在信息爆炸的时代,没有什么比数字和第三方评论更有说服力。数字可视化采用将律师在平台的所有数据、解答咨询、上传的案例、写的文章、参与了多少次的话题讨论以及获得了多少好评,除此以外,给律师开放动态发布功能,维度包含出庭、会见、讲座、学习等。从多个维度来诠释律师的专业度和可信度,用户强有力的愿意、发起交互的意愿和选择的理由。

(三)数字化私域流量运营

如何做增长,将公域获得的流量和用户进行留存和运营,最终实现转化,则是私域流量运营的核心。首先,从行业角度看,获量的渠道包括搜索引擎类、媒体类、垂类平台以及传媒广告。其次,我们要了解流量漏斗模型,以华律平台的用户为例,90%会先查看文章和其他人的问题。这90%中,另外10%的用户会根据自身情况发起交互,大部分为咨询。第三层则在律师回复的答案中,80%的用户选择回复较好的律师进行深入的沟通,二次追问或电话联系。在这80%中50%的用户会进行律师数据的对比,通常采用方式包括个人网站对比,包括信息,专业,评价,平台验证,以及线下判断。第五层则更深一步,如果以上为专业判断,这层则更多为服务择优,我们办得不仅仅是一件案子,更是用户的人生,当事人都希望能找到一位能理解他的律师,这个时候律所的服务质量就非常重要了。而在最后一层最终能够成案的是因为脱离了平台,无法做确切的统计。律师需要做的在以上每一个环节，加强自我宣传，从里面去抓取用户量，其次用自己的差异化服务，包含网站运营，数据呈现，以及线下服务等提升层层转化率，最终体现在收益上。

最后让流量都承载在自己的私域中进行私域运营。私域运营的载体目前更多的是利用微信进行，首先对用户进行标记管理，其次做好内容分享，进行话题讨论，进行社群运营，通过个人店铺辅助产品去贴合用户需求，最后形成客户回访机制，回访之前将客户进行标记，分为A、B、C、D四层用户，每层用户指定不同的回访频率和回访话术。通过回访可以挖掘出用户的深层次需求，当然需求也会被分类，包括委托需求，轻法需求和专业领域需求等。

（三）数字化服务质量管控

从行业发展的角度来说，互联网真的是一个更新换代周期很快的行业，时间窗口从最开始的一两年，到几个月，甚至几周，确实让人很焦虑。但从用户的角度来看，好像并没有变化很快，我们现在做的需求、业务模式，大都离不开衣食住行、娱乐、教育、金融、医疗这些，而这些其实是很久以前就存在的，

用户的需求是法律服务，一直以来都是这样的，但是解决了用户最痛的痛点——找律师打官司就结束了吗？并没有，这个时候用户想要更好，或者之前相对没有那么痛的痛点，就变成了最痛的点。比如电商，之前是不知道什么时候能到，然后变成差不多3天能到，再到现在的次日达、当日达，甚至XX小时内送达。那么我们的客户的痛点呢？在解决了打官司这个痛点以外，我们创新和竞争的制胜点、价格、服务效率、服务质量、客户体验等，而这些所有的因素就回归到了服务质量管控上。

　　通过在流量漏斗各个转化环节进行数据的追踪，记录各个环节的服务体验度，找到服务质量的管控点，宁愿一人吃千次，不愿千人吃一次才是法律服务市场最核心的服务质量管控。

　　伴随法律科技的飞速发展，通过科技让法律服务变得更加普惠化已成为未来的趋势，本文以华律网为例，深度剖析了科技如何让法律服务变得普惠，科技如何为律师进行赋能，法律科技在未来仍然是一个值得所有人去更加深入探索的方向，未来的法律服务市场也必将是一个科技与法律互补赋能的高科技服务市场。

新时代高校教学中完善法治教育体系的路径分析

刘文慧①

摘要： 大力推进公民法治教育、培育公民法治素养是新时代全面推进依法治国的重要内容和重要途径。高校作为法治教育的主体，应当在教学过程中以高度的历史责任感发挥法治教育的主导作用。新时代给高校教学的法治教育提出了专业性、生动性、实践性等方面的新要求，构建新时代高校法治教育体系，应设置完备的课程体系、打造专业师资队伍、改进教学方式、加强日常法治宣传、强化法治实践教育，在开展大学生法治教育过程中引入各方力量、协调各方资源，以系统思维和渐进策略逐步构建起完善的法治教育体系。

关键词： 新时代；高校；教学过程；法治教育体系

中国共产党十八届四中全会通过的《中共中央关于全面推进依法治国若干重大问题的决定》提出要"推动全社会树立法治意识，深入开展法治宣传教育，把法治教育纳入国民教育体系和精神文明创建内容"。大力推进公民法治教育、培育公民法治素养、促进全民守法，是

---

① 作者简介：刘文慧，女，法学博士，成都大学法学院讲师，研究方向：财税金融法、司法制度，本文 2021 年 9 月发表于《法制博览》第 26 期，第 176~179 页。

新时代全面推进依法治国的重要内容和重要途径。强化高校教学规程中的法治教育，对培养高素质综合性人才、培育合格公民、推进依法治校，都具有深远意义。但在目前，高校教学中的法治教育体系尚存在着诸多问题，法治教育的深度和广度都不能适应新时代全面推进依法治国战略的要求。因此，系统梳理高校法治教育的现存问题，深刻剖析新时代对高校法治教育提出的新要求，科学构建符合时代发展需求的高校法治教育体系，是我们当前的紧迫任务。

一、当前高校教学中法治教育存在的主要问题

尽管改革开放 40 年以来，我国高校法治教育取得了非常大的进步①，但是，当前的高校法治教育仍然不尽如人意，教育体系还存在着诸多问题，教育质量不能满足新时代大学生成人成才的实际需要。

一是法治教育在高校内受的重视程度不够。首先，教育行政主管部门并没有对高校法治教育提出高标准要求。当前，《思想道德修养与法律基础》课程是高校法治教育的主要载体，仅仅只有一个学期，教材直接涉及法治教育的内容也仅有三章。其次，高校往往将法治教育放在了相对边缘的位置。在学生的能力素质培养方面，高校对专业教育关注较多，对法治教育着力不够。《思想道德修养与法律基础》中涉及法治教育的内容一般由思政老师讲授，但毕竟"术业有专攻"，法治教育课程的授课教师如果不具备法学专业背景，教学效果可能会受到较大的负面影响。最后，授课教师和学生也将法治教育视为"边缘课程"。在部分高校，一些学生抱着"通过考试、拿学分"的心态面对课程学习，有的教师也缺乏认真上课、提高教学质量的动力，课堂气氛沉闷，提不

---

① 杨忠明、刘颖：《改革开放以来大学生法治素养培育的发展回顾与展望》，载《思想教育研究》2018 年第 11 期，第 24~28 页。

起学生的听课热情。

二是法治教育的内容体系不全。首先,《思想道德修养与法律基础》课程涉及的基本都是宪法知识,民法、刑法、行政法、诉讼法等重要法律门类,却在高校法治教育中处于缺失状态。其次,即便是宪法,教材和教学的法治教育深度不够。最后,由于部分授课教师本身没有法学专业背景,他们在对学生进行法治教育时,往往只能原样照读法律条文。其实,法治教育的终极目的并不在于让学生知道甚至记住相关法律的具体规定,而是要让学生知晓法律的存在逻辑和运行逻辑,让学生树立对法律的敬畏意识、养成学法、守法、用法的行为习惯。以此观之,当前这种"授人以鱼"的法治教育,只能让学生"了解信息",而难以"学到知识"。

三是法治教育的方式陈旧。教育方式陈旧主要体现在三个方面:其一,强行灌输的痕迹过于明显。当前的法治课堂教育,"是什么"讲得多,"为什么"讲得少,容易给学生形成"不讲道理"的印象。而大学生正处于青春期,叛逆心理比较强烈,如果采取灌输而不是说服的方式,容易激发他们的抵触情绪,影响教育效果。其二,重法条而轻案例。案例是活生生的法律,只有通过对案例的细致讲授,才能让学生更好地理解法律条文,也才能对法律以及整个教学内容留下更深刻的印象。而由于授课教师专业知识储备上的缺陷,案例教学基本难以大规模开展。其三,课堂外的宣传教育形式较为单一。部分高校在"12.4"国家宪法日等重要时间节点也会开展一些针对学生的法治宣传教育,但往往仅仅是通过摆摊设点、发放宣传单等形式进行,没有针对当代大学生的阅读和娱乐习惯以新媒体平台的图文、动画、短视频等方式来呈现,针对性和有效性不足,影响面也不够大。

四是法治教育闭门造车的特点突出。由于高校在立法、执法、司法等方面掌握的信息和知识不足,法治教育必须依赖于校外相关部门和组织的协助。但是，从目前来看，高校在法治教育方面向外借力明显不够。尽管有的高校有时也会邀请当地的执法机关、司法机关等在校园开展法治宣传活动，或者邀请法院到学校开展巡回庭审，或者带学生到相关机关参观体验，但总体来说，校地合作的深度还不够，参与的学生人数也比较有限。高校法治教育闭门造车的另外一个表现就是重说教而轻实践。高校在对大学生进行法治教育时，重点在传授书本知识，不关心这些知识学生能不能用以及如何用。这导致学生在上完课后就将课本束之高阁，课堂上学到的法律知识也往往很快就被抛诸脑后。知识无法转化为实践操作的能力，法治教育的效果自然就大打折扣。

二、新时代对高校教学的法治教育提出的基本要求

党的十九大作出了"中国特色社会主义进入了新时代"的重大政治判断。在新时代，法律体系日趋完善、法学理论日益丰富，新的技术进步不断改变着人们的行为习惯、新的社会观念也不断改变着人们接受教育的形式偏好，法治教育与法治实践同向性、统一性的特征愈发明显。这些变化的出现，对高校法治教育提出了新的要求。

一是专业性。在新时代，高校法治教育必须展现出高度的专业性。其原因在于：第一，全面依法治国向纵深推进，懂法、守法成为合格公民的基本素质。大学生作为未来社会的高素质人才和社会发展的中坚力量，其法治素养理应高于其他社会群体。因此，高校法治教育必须在专业性上狠下功夫，努力拓展法治教育的深度和广度，全方位培育大学生法治素养。第二，中国特色社会主义法律体系已经初步建成并将日趋完善。高校法治教育，必须涵盖其中重要的法律门类特别是重要法律门类中的重要规范。第三，法学是认识法律、理解法律的系统科学，如果不具备法学知识，我们对法律就会一知半解，甚至根本无法理解立法本

意，对很多法律现象、法律事件也无法作出正确的判断。而如果法治教育本身不具备应有的专业性，要掌握法学原理、正确理解和解释法律，就根本无从谈起。在目前形势下，要实现法治教育的专业性，首先就应当确立法治教育本身的独立地位，将法治教育从《思想道德修养与法律基础》课程中独立出来，开发专门的教材体系，投入专业的教学师资，安排专门的实践教学，并设置独立的考试考核标准。

二是生动性。在新时代，高校法治教育应当是生动活泼的。传统的单一形式的强行灌输式教育，已经越来越不能适应当前的社会发展形势：首先，在新的观念影响下，受教育者对强行灌输式教育将产生越来越大的反感并在行动上表现出相应的逆反。在新时代，社会成员的整体文化程度不断提高，新思想、新理论、新观念层出不穷。在这个意义上，包括法治教育在内的所有教育，实际上都面临着极大的挑战，受教育者随时拥有评判乃至质疑教育活动本身的能力和动机。只有受教育者认可教育的方式和内容，教育才可能是有效的，只有讲道理、讲通了道理，学生才能听得进去。其次，信息技术的进步，正在并将持续改变受教育者接受信息、学习知识的形式偏好。作为"互联网原住民""数字原生代"，新时代的大学生早就形成了通过网络学习和娱乐的习惯。因此，我们应当主动适应大学生的学习和娱乐习惯，通过更多样的形式、更生动活泼也更"接地气"的表现手法，潜移默化地对大学生进行法治教育。总之，生动的法治教育，必须是"讲道理"、有思辨的，也必须是形式灵活多样、能调动大学生学习兴趣的。

三是实践性。在新时代，高校法治教育的实践性也是必不可少的。所谓高校法治教育的实践性，是要坚持法治教育的实践导向，以生活中真实的法律事件、案件为样本来教育大学生，鼓励大学生亲身参与法治实践，以加深对法治的理解、提升法治实践参与能力。高校法治教育之所以必须坚持实践导向，其原因有二：其一，坚持实践导向，才能深化大学生对法治的理解。比如，如果仅仅是看法条，大学生可能并不能对正当防卫进行正确认识，而如果以"昆山反杀案""聊城于欢案"等真实案例作为讲解样本，大学生对正当防卫的理解就可能更加深入、更加符合立法本意。其二，坚持实践导向，才能帮助大学生将对法治的思想认识转化为参与法治实践的实际操作能力。比如，在课堂教学中增加案例教学内容，要求学生站在案件当事人的角度设身处地思考什么样的行为是符合法律要求的、什么样的行为能有效保护自身的合法权益，才能帮助他们将知识转化为能力。法律是一门实践的科学，只有坚持法治教育的实践导向，才能让学生真正了解规则、敬畏规则、依法行事、依法维权。

三、构建新时代高校教学中法治教育体系的具体进路

高校作为法治教育的主体，应当以高度的历史责任感在法治教育过程中发挥主导作用。同时，法治教育与创业教育①、思想政治教育②等一样，也需要社会各方的深度参与。因此，在新时代，高校应当以协同理论③为指导，在开展大学生法治教育过程中引入各方力量、协调各方资源，对照新形势、新要求，结合自身实际，以系统思维和渐进策略逐步构建起完善的法治教育体系。

一是设置完备的课程体系。设置完备的课题体系是实现高校法治教育专业性、构建科学的法治教育体系的基本要求。课程体系的设置，主

---

① 罗贤甲：《协同创新视域下大学生创业教育的现实逻辑》，载《思想教育研究》2018年第11期，第125~129页。

② 郑吉春：《协同理论视域下的高校大学生思想政治教育工作机制优化研究》，科学出版社2018年版，第35页。

③ 白列湖：《协同论与管理协同理论》，载《甘肃社会科学》2007年第5期，第228~230页。

要应当做好两个方面的工作：第一，设计系统的教学科目。从高校教育经验和法治实践经验看，我们认为，高校必须起码设置如下六个法治教育科目，即《法理学》《宪法学》《民法学》《刑法学》《行政法和行政诉讼法学》《诉讼法学》。这六个法治教育科目，讲授的都是现代社会公民应当具备的基本法律知识，也是与大学生切身利益密切相关的法律知识。第二，安排与实际需求相适应的课时。一个最为合理的安排是，按每个星期上一节课计算（每节课2~3个课时），六门课程应当分别安排一个学期的课时，而且为了保持法治教育的持续性，每学期都只应安排一门法治课程。换言之，学生大学生涯前三年的每一个学期都必须学习一门法治课程。

二是打造专业师资队伍。要搞好高校法治教育，打造高质量的师资队伍是其中的关键环节。打造专业的法治教育师资队伍，可以从两个方面入手：第一，让具有法学专业背景的教师担任授课老师。根据前述的课程设置和课时安排，不具有法学专业背景的教师难以胜任课程讲授任务。为了完成法治教育课程授课教师的更新换代，有法学院（系）且师资比较充足的高校，应当全部由法学院教师授课；没有法学院（系）或者师资不足的，应当大力引进法学专业人才充实法治课程师资队伍；暂时不具备前面两项条件的，可以开设远程教学、视频教学等课程，共享其他高校的优质教学课程资源。第二，聘请校外实务专家担任客座讲师。相对来讲，校内教师一般缺少法律实务经验，在立法、执法、司法等方面的信息和知识也有所欠缺。为弥补这一缺陷，高校应当制度性地引进立法实务人士、法官、检察官、律师等行业专家担任客座讲师，在校内开设法治教育课程，提高法治教育的专业化程度。

三是改进教学方式。为增强法治教育的有效性，高校在法治教育教学方式的改进上也应当倾注更多的精力，特别是，要更加注重教育的生动性，减少强制性灌输。首先，保证教学中全程"讲道理"。任何法律制度和规则的生成，都有其内在逻辑；法学理论更是因为其逻辑自洽性以及对社会和法律规则解释的有效性才能自圆其说、自成一脉。因此，法律和法学本身就是有内在"道理"的；法治教育必须将要这些道理讲通讲透，既讲"是什么"，更要讲"为什么"，还要讲"怎么做"。其次，开展案例教学。"案例是活生生的法律"，通过案例，学生可以更加深入地理解法律设定的具体规则。总体而言，相比单调的条文讲解和理论解说，案例教学在增加法治教育的生动性、有效性方面，具有自身独特的优势。再次，开展体验式教学。要带领学生走出课堂，到行政机关、法院、监狱等现场参观，了解这些部门、组织的运行现状，近距离感受法律的威严增强底线意识以及对法律的敬畏意识。

四是加强日常法治宣传。除了课堂教学，日常法治宣传也应当是高校法治教育的重要环节。在新时代，要增强法治宣传的针对性和有效性，防止浅尝辄止、走马观花。首先，要针对新时代大学生的阅读习惯和娱乐习惯，在宣传的形式上与时俱进。要更多地将法治宣传转移到QQ、微博、微信、抖音、知乎等新媒体平台，借助于图文、漫画、H5、小视频等对宣传内容进行包装。在未来，我们甚至可以考虑在电影、游戏等载体中植入法治宣传元素，让法治教育真正出现在大学生生活中的方方面面。其次，注重在重要时间节点搞好专题法治宣传。课堂教学不可能全面涵盖大学生日常生活可能涉及的常用法律，而重点时间节点的专题法治宣传则可以弥补这一缺陷。比如，在"12.4"国家宪法日专题宣传宪法知识，在"6.26"国际禁毒日专题宣传禁毒法律知识，在"3.15"国际消费者权益日专题宣传消费者权益保护的相关法律知识，让大学生接受更加全面的法治教育。再次，对大学生的法治宣传应当注重引导性宣传和警示性宣传相结合。所谓引导性宣传即引导大学生正确实施相应行为的正面宣传，比如，通过案例、事例等方式提醒大学生当自身权益受到侵害时，要勇敢地拿起法律武器伸张正义、维护权利。而警示性宣传则是劝导大学生不要做出相应行为的宣传，比如，通过展示法律规定、援用真实案例，提醒大学生要远离"黄赌毒"，不要实施偷、抢、骗、伤害他人等违法犯罪行为，争做守法公民。

五是强化学生实践教育。高校要重视法治教育的实践性，要"在法治实践中进行法治教育，以法治教育促进法治实践，同时以法治实践来检验法治教育的效果"①。第一，组织学生开展模拟法庭活动。模拟法庭涉及案件分析、文书准备、法条查找、学理研判、法庭语言表达等一系列环节，非常考验参与者的法律法学素养、口才以及临场应变能力，是提升学生学习能力、检验学生学习效果的良好途径。第二，设立校内法律援助中心，帮助大学生依法维权。在未来，所有高校均应设立法律援助中心，帮助大学生通过法律途径维护自身权益。其实，在助力学生维权的过程中，学生通过法律得到了公正的结果，他们会更加信任法律，形成"遇到纠纷就通过法律解决"的行为习惯。第三，推进依法治校，保障大学生参与学校治理的权利。高校要给学生依法参与学校治理提供制度性平台，鼓励他们为学校发展和日常治理建言献策。正如有的学者指出的那样："依法治校、依法施教应是最好的法治教育。一旦学校制度生活中充斥着各种有法不依、执法不严、违法不究的现象，那么法治教育就丧失了学校制度生活中隐性课程机制的支持，法治观念及法治精神就难以深入青少年学生的内心世界。"②

---

① 张冉：《践行法治：美国中小学法治教育及对我国的启示》，载《全球教育展望》2015 年第 9 期，第 76~85+94 页。

② 叶飞：《基于学校制度生活的"刚性"建构推进法治教育》，载《教育发展研究》2017 年第 12 期，第 52~58 页。

后　记

在新文科建设工作会议上，教育部发布了《新文科建设宣言》，把"创新发展"和"育人育才"作为关键词，明确提出要构建世界水平、中国特色的文科人才培养体系。新法科作为新文科的重要部分，如何强化思想政治引领、实现学科交叉融通、促进学生知行合一、创新法治人才培养体系，是法学教育亟须解决的新命题。

本书主要以"六卓越一拔尖"计划下的新文科建设为背景，聚焦法科领域人才培养的改革与实践，是对法学跨学科人才培养、法律科技与法学教育、新法科协同育人机制建设等问题的有益探索。本书的编写得益于 2022 年 11 月在成都召开的由四川省法学会法学教育研究会主办、成都大学法学院承办的 2022 年四川省法学会法学教育研究会年会暨"新文科建设背景下新法科人才培养"研讨会，书中大部分文章选自参会专家、学者的论坛投稿 90% 以上的文章都是首次发表。其中，不仅有法学理论素养深厚、长期致力于高校法学教育第一线的专业教师，也有来自法律职业领域、新型法律服务行业的业务骨干。特别感谢来自成都市高新区人民法院何良彬院长、山东科技大学政法系侣连涛副教授、西安电子科技大学经济与管理学院企业合规研究中心张云霄主任、四川警察学院理论法学教研室杨申副主任、四川文理学院杨宏副教授、四川警察学院法学系于雅璁老师、成都华律网络服务有限公司邱超总监、张健豪总监等诸多专家的赐稿与指导，也感谢成都大学各位编者的辛勤付出。

本书的顺利出版有赖于成都大学"法学一流本科专业建设""法学专业思政示范专业"经费的支持，以及出版社诸位编辑的兢兢业业，在此表示深深感谢！

由于时间仓促，编者水平有限，本书难免存在不足之处，大部分文章观点的实践转化和应用前景还需要进一步现实检验，衷心期待各位读者批评指正！